NOTICES

HISTORIQUES ET GÉNÉALOGIQUES

SUR QUELQUES

FAMILLES NOBLES

DE PICARDIE.

NOTICES

HISTORIQUES ET GÉNÉALOGIQUES

SUR QUELQUES

FAMILLES NOBLES

DE PICARDIE

PAR

RENÉ DE BELLEVAL.

DEUXIÈME LIVRAISON.

AMIENS
LEMER AINÉ, IMPRIMEUR-LIBRAIRE,
PLACE PÉRIGORD, 3.

1863.

DE BELLEVAL.

Plus une famille remonte loin dans le passé, plus il devient difficile de démontrer sa véritable origine. Les siècles qui ont précédé l'an 1200 sont pleins de ténèbres : il faut cependant aller bien au-delà pour rencontrer la souche primitive de la maison de Belleval.

Originaire du Ponthieu, cette famille en est l'une des plus anciennes. Son antiquité est constatée non seulement par une suite de titres originaux, tels que chartes, donations, aveux, dénombrements et contrats, mais encore par un grand nombre de monuments historiques, par des preuves faites à diverses époques, notamment lors de la recherche de Montfault, commissaire du roi Louis XI en Normandie, en 1463, et pour laquelle il fallait justifier de quatre générations nobles. Ces témoignages et de constantes alliances avec les meilleures familles de Picardie et de Normandie établissent d'une manière incontestable son origine véritablement chevaleresque. Telle est l'opinion de plusieurs savants, parmi lesquels il est juste de donner la première place à un bénédictin célèbre, à Dom Grenier, historiographe de Picardie. Telle est aussi l'opinion de Dom Caffiaux, de Dom Villevieille, de l'abbé Buteux et de La Chesnaye des Bois. Ce dernier dit, dans l'édition de 1775 de son *Dictionnaire de la Noblesse*, à l'article MAILLY (tome IX, page 366), en parlant d'Antoine de Belleval, qu'il était « d'une ancienne maison de Picardie qui, quoiqu'elle n'ait pas été illustrée par les premières dignités de l'État, prouve cependant son existence depuis l'an 1100. »

Il serait superflu de multiplier davantage de pareilles citations et de s'étendre plus longuement sur cette matière. Les seules preuves de l'ancienne noblesse des seigneurs de Belleval que l'on veuille invoquer ici, on les trouvera parmi les documents rigoureusement authentiques qui ont été réunis pour ce travail.

Les armoiries de la famille de Belleval n'ont pas toujours été celles qu'elle porte aujourd'hui et qui sont : *de gueules à la bande d'or accompagnée de sept croix recroisetées, au pied fiché, de même.*

Jusqu'aux premières années du XVe siècle, en effet, les seigneurs de Belleval avaient toujours porté pour armes :

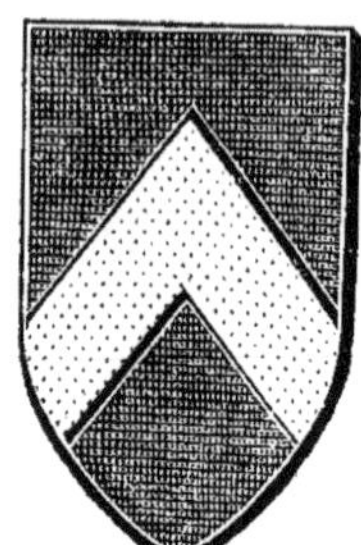

de sable au chevron d'or; la possession de ce blason est justifiée, en suivant l'ordre chronologique, par les sceaux d'Aléaume de Belleval, de 1312, de Jean de Belleval, son fils, de 1348, de Baudouin de Belleval, de 1403 (voir les planches ci-jointes), par ce passage extrait d'un armorial manuscrit de la fin du XIVe siècle : « M. Baudoyn de Belleval, *de sable à un quevron d'or,* » par cet autre des Annales d'Aquitaine, de Bouchet (part. IV, p. 15), relatif à huit chevaliers inconnus tués à la bataille de Poitiers le 19 septembre 1356, enterrés dans trois fosses sous les cloîtres du couvent des frères Prêcheurs de Poitiers, et parmi lesquels se trouvait « ung chevalier dont on ne scet les noms et surnoms et qui portait un escu *de sable à un chevron d'or ;* » or, ce chevalier, suivant une note marginale de la main de Nicolas de Villers de Rousseville, chargé par Louis XIV de la recherche des faux-nobles en Picardie, « étoit de Picardie et avoit nom Hémon de Belleval et possédoit du bien à Huppy en Vimeu et environs où Messieurs de Belleval d'Emonville, de Floriville, de Tilloy et de Tœuffles en ont encore quelque chose. » L'abbé Buteux, généalogiste picard du XVIIIe siècle, dit encore que les anciennes armes de Belleval étaient « *un chevron d'or en champ de sable.* »

Il est donc parfaitement établi que les armes que l'on vient de décrire étaient les armes primitives des seigneurs de Belleval et que leurs ancêtres avaient portées dès les temps les plus reculés. Comment et à quelle époque avaient-ils changé leur antique blason pour celui que leurs descendants portent encore aujourd'hui, c'est ce que les titres conservés dans la famille et dans nos grandes collections publiques nous permettront d'établir en quelque mots d'une manière positive. Jean de Belleval, 1er du nom, vivant en 1343, avait épousé Marie de Fricamps, d'une illustre maison de Picardie, distinguée autant par de grandes charges que par de belles alliances, et dont les armes étaient : *de gueules à la bande d'or accompagnée de sept croix recroisetées au pied fiché de même*, ou, plus exactement : *de gueules semé de croix recroisetées au pied fiché d'or, à la bande de même* [1]. C'est en souvenir sans doute de la haute noblesse de leur mère et d'une alliance de tous points faite pour les flatter que son fils aîné, Jean, 2me du nom, et l'un de ses fils cadets, Perceval, adoptèrent les armes maternelles, comme en font foi leurs sceaux pendus à des titres de 1363 et de 1369. Leur fils et neveu, Baudouin, ne suivit pas cet exemple, et sur son magnifique sceau de 1403, on retrouve l'écu *de sable au chevron d'or* qui serait certainement demeuré celui de ses descendants si son fils, Jean, 3me du nom, n'avait, comme son ayeul, choisi sa femme dans cette même famille de Fricamps qui devait avoir une si grande influence sur la destinée de sa propre famille. Jeanne de Fricamps, qu'il épousa vers 1420, était

[1] On les trouve en effet décrites de cette seconde manière dans un armorial de la fin du XIVe siècle, publié par M. Douet d'Arcq, p. 22; et sur les neuf sceaux de cette famille de Fricamps que nous avons réunis, six offrent cette disposition du *semé de croix sans nombre*, tandis que les trois autres portent six croix seulement.

la dernière représentante de la branche cadette de sa maison (la branche aînée, fixée dans son château de Fricamps, aujourd'hui canton de Poix, Somme, — s'était éteinte dans la maison de Sarcus, vers 1320) qui s'était établie en Basse-Normandie, où le roi Saint-Louis lui avait donné en 1231 la terre et seigneurie de Montfarville, et des fiefs à Carnanville, Quettehou, Valcanville, Gerville, Mobec et Véli. Seule héritière des terres et seigneuries importantes de Montfarville, Thibouville et Fontaine-la-Soret, qui relevaient directement du roi de France, elle les apporta à son mari qui devint, par cette union, l'un des principaux seigneurs du Cotentin. Quelles furent les considérations qui influencèrent la conduite de Jean de Belleval dans cette circonstance? Se souvint-il de son ancêtre, obéit-il à un légitime sentiment de fierté pour une double alliance avec les filles de gentilshommes qui s'étaient placés en Normandie au premier rang et dont la fidélité inébranlable au roi de Navarre, Charles le Mauvais, avait gravé le nom en traits ineffaçables dans les pages de l'histoire, ou seulement voulut-il sauver de l'oubli quelque chose de cette vieille race qui allait disparaître? Nul ne le sait. Mais dès 1410, l'année même de son mariage, l'écusson de Fricamps avait remplacé sur son sceau l'écusson paternel, et ses descendants gardèrent ces armoiries dont la possession leur fut garantie par divers arrêts de la Cour des comptes, du Conseil du roi et des Intendants de Picardie et de Normandie. Le nombre des croix seul a souvent varié : on en trouve tantôt 6, tantôt 8, tantôt un semé sans nombre : c'est de cette dernière façon qu'elles sont gravées et décrites dans la « Vraye et Parfaite Science des Armoiries » par Pierre Palliot, imprimée à Paris en 1664, à la page 337, et qu'elles furent fréquemment portées par plusieurs membres de la famille, et même par quelques branches. On peut donc blasonner indistinctement l'écusson de Belleval : « *de gueules semé de croix recroisetées, au pied fiché d'or, à la bande de même,* » ou « *de gueules à la bande d'or, accompagnée de sept croix recroisetées au pied fiché de même,* »

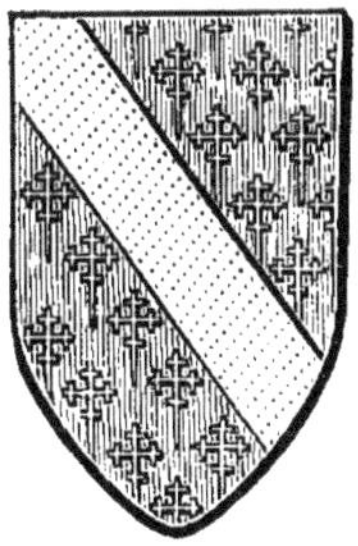

Messieurs de Belleval pouvant justifier, par des exemples authentiques, du droit qu'ils ont de se servir, à leur gré, de l'une ou de l'autre de ces deux armoiries ; il est juste d'ajouter pourtant que l'usage paraît avoir prévalu, dans ces dernières années, de porter seulement les sept croix.

Le changement d'armes dont nous venons de faire l'historique n'a rien qui doive surprendre. On en trouve de fréquents exemples au moyen-âge. C'est ainsi, pour ne citer que des faits puisés dans des familles picardes, que les Boubers quittèrent leurs armes anciennes, *d'argent à trois écussons de gueules*, pour adopter celles de Raineval-Bernâtre, après l'alliance de Jean de Boubers avec Mahaut de Bernâtre, vers 1322. C'est ainsi que les Bournel qui, au XIVe siècle, portaient *d'argent au chevron de sable*, prirent au siècle suivant un écusson *d'argent à l'écu de gueules, à l'orle de huit papegaux de sinople ;* que les Sarcus changèrent leur *croix ancrée* pour un *sautoir cantonné de quatre merlettes*; que les de Hangest portèrent alternativement *un échiqueté* et *une croix chargée de cinq coquilles ;* que les Campdavesne eurent tour à tour pour armes *une gerbe d'or en champ d'azur* et *un sautoir d'argent en champ de sable*, que les Lameth substituèrent au *fretté* des Neuville *la bande et les croix* des de Poix, de même que les Briet, le *sautoir de sable* des Lourdel à leur ancienne *croix d'hermines au champ de gueules*, etc., etc.

La famille de Belleval en offre elle-même, enfin, un second exemple qui, mieux que tout autre, servira à expliquer le premier, dans la personne de Robert de Belleval, fils puîné de Roger de Belleval, qui, en adoptant le nom de Belleperche, qu'il transmit à ses enfants, à l'exclusion du nom patronymique, et en devenant (il vivait en 1211) la tige d'une nouvelle famille, éteinte au XVIe siècle, abandonna ses armes pour adopter un écu *d'argent au croissant de gueules*, que ses descendants continuèrent à porter sans interruption après lui.

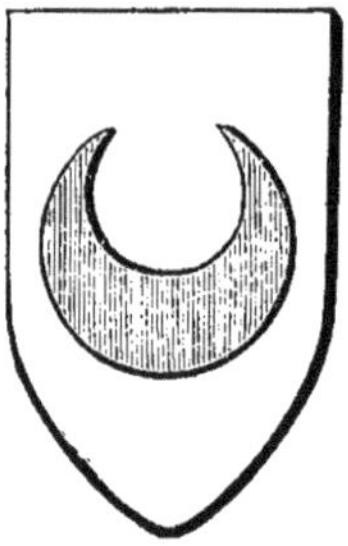

Ce point important étant établi, nous allons, puisque le nom de Belleperche s'est rencontré sous notre plume, retracer l'histoire de ce vigoureux rameau qui, pendant trois siècles et demi d'existence, sut faire honneur au vieux tronc qui lui avait donné naissance.

Roger, sire de Belleval, chevalier, qui vivait en 1180, et par qui commence la généalogie suivie de la maison de Belleval, comme on le verra plus loin, laissait trois fils et une fille. L'aîné de ses enfants, Martin, fit souche et continua la filiation; le second, Hugues, se maria, mais ne laissa pas de postérité; le troisième, Robert, fut, à ce qu'il faut croire, apanagé d'un fief de Belleperche, que l'on suppose avoir été situé sur la commune de Rambures, et dont il aurait alors pris le nom. Il figure en effet sous ce nom, comme témoin, avec *son frère*, Martin de Belleval, dans une charte de Robert de Frettemeule, chevalier, au mois de mars 1211. Nous croyons devoir donner ici le texte même de cette charte, afin d'établir formellement ce que nous venons d'avancer, et de manière à ne pas laisser place au moindre doute :

« Notum sit omnibus presentibus et futuris quod ego Robertus de Fraistmoles, miles, per assensum Agnetis uxoris meæ et Eustachii, primogeniti mei, pro mea et ipsorum et omnium antecessorum meorum salute ecclesie et fratribus de Loco-dei in perpetuam elemosinam dedi et concessi unum modium terræ arabilis quod habebam jure hereditario apud Manerias contiguum terris domini Joannis de Maneriis, militis, de quo dictum modium terre in feodum tenebam et habebam: ea propter tenebuntur dicti fratres et se obligaverunt capitulatim et inscriptis annuatim unam missam de requiem celebrare pro salute animæ meæ et animarum uxoris Agnetis et liberorum meorum et aliorum parentum et consanguineorum meorum; et ut hœc largitio supradicta rata et firma in perpetuum maneat presentes litteras sigilli mei munimine roboravi, testibus istis: venerabili viro Osberto, abbate, Simone priore, Johanne thesaurario, Hugone, Joanne filio Ingerrani,

Roberto filio Adelelmi, monachis; domino Joanne de Maneriis, MARTINO DE BELEVAL ET ROBERTO QUOQUE DE BELLAPERTICA, FRATRE SUO, Landerico de Monchiax (Monchaux), Anschero de Fraxenevilla (Fressenneville), et Giroldo de Friwevile (Friville), tunc militibus. Actum anno Verbi incarnati M° CC° XI, mense maio[1]. »

De cette pièce très-importante il résulte donc que Robert de Belleperche était le propre frère de Martin de Belleval; cela est hors de doute. Il résulte encore que, pour participer, en qualité de témoin, à une donation faite par un chevalier du Vimeu à une abbaye du Vimeu, Robert devait résider dans le pays, dans son fief de Belleperche; c'est ce qui explique également la présence dans cet acte de Martin de Belleval qui, habitant au-delà de St.-Riquier, entre cette ville et Doullens, pouvait être attiré momentanément en Vimeu, par suite de la résidence assidue de son frère dans ce pays. En troisième lieu, ne serait-ce pas encore cet établissement de Robert en Vimeu qui aurait appelé son neveu, Adam de Belleval, fils de Martin, à se fixer également en Vimeu, à Huppy, non loin de Rambures, non loin de Fressenneville, qui appartint aux enfants de Robert.

Quoiqu'il en soit, il est maintenant établi que la famille de Belleperche était issue d'un cadet de celle de Belleval. On va maintenant donner le détail des personnages de ce

[1] Copie authentique du XVIe siècle, sur papier, faite le 24 mars 1576, à la requête de Jacques de Belleval, écuyer, seigneur des Granges. — Arch. du Bois-Robin.

nom sur lesquels il a été possible de réunir des documents, bien incomplets sans doute, puisqu'ils ne permettent pas de rétablir une filiation suivie, mais suffisants pour constater la haute position que la famille de Belleperche occupa en Vimeu, et les belles alliances qu'elle y contracta. Nous nous bornerons donc, bien malgré nous, à une nomenclature par ordre chronologique des membres de la famille sur lesquels les Archives de l'Empire, le Cabinet des Titres de la Bibliothèque impériale, la collection de dom Grenier et les Archives du département de la Somme nous ont fourni des notes ou de curieux titres.

Les seigneurs de Belleperche, issus de la maison de Belleval, prirent pour armes : *d'argent au croissant de gueules;* les cadets brisèrent parfois cet écusson *d'un lambel d'azur en chef* et aussi *d'une fleur de lys d'azur en pointe.* Il suffira pour s'en convaincre de jeter les yeux sur les magnifiques sceaux des seigneurs de Belleperche, conservés à la Bibliothèque impériale, dans les Titres scellés de Clairembault, et dans les dossiers du Cabinet des Titres, et que nous avons fait graver pour les joindre à ce travail. Nous possédons aussi la matrice originale, en cuivre, du sceau d'un Jean de Belleperche que nous croyons être celui qui vivait encore en 1349 et qui était seigneur de Fontaine. Cette pièce, d'un prix inestimable pour la famille de Belleval, a été trouvée dans la Seine, auprès du Petit-Pont, et vendue par des ouvriers à un amateur de qui nous l'avons acquise. C'est ce sceau qui figure sur la planche ci-jointe sous le n° 5 ; son possesseur, Jean de Belleperche, ou celui entre les mains de qui il était tombé, avait prévu le cas possible où la rivière aurait rendu le dépôt qui lui avait été confié, et il avait auparavant essayé de le détruire, de telle sorte qu'il ne put servir désormais à personne; un quart du sceau environ manque, et trois profondes entailles sur ce qui reste, coupant la légende et atteignant même l'écusson, en rendent l'usage impossible. Tel qu'il est pourtant et surtout à cause de cette dernière circonstance, ce sceau offre, non seulement au point de vue généalogique, mais au point de vue de l'archéologie, un véritable intérêt.

— Robert DE BELLEVAL, dit de Belleperche, chevalier, frère puîné de Martin, sire de Belleval, chevalier, et fils de Roger, sire de Belleval, chevalier, sert de témoin avec son frère Martin de Belleval, à une donation faite à l'abbaye du Lieu-Dieu par Robert de Frettemeule, chevalier, au mois de mai 1211 [1].

— Jean DE BELLEPERCHE, chevalier; — Philippe-le-Bel, roi de France, mande, par charte donnée à Courtrai, le 28 septembre 1297, au bailli de Caux qu'il ait à payer à *son chevalier* « dilecto Johanni de Bellapertica, militi nostro » 106 livres 5 sols tournois, dont 55 livres 5 sols pour ses services et 50 livres tournois pour l'indemniser des dépens auxquels il avait été condamné pour les dégats qu'il avait faits aux viviers de Mortemer [2]. Jean donna quittance de la dite somme, « au mois d'octembre » suivant, le « lundy

[1] Copie authentique du XVIe siècle, sur papier, faite à la requête de Jacques de Belleval, écuyer, seigneur des Granges, le 24 mars 1576. — Arch. du Bois-Robin.

[2] Orig. en parch. — Dossier du Cab. des Titres.

devant la Saint-Remy » ; à cette pièce est suspendu son sceau en cire verte portant un écu chargé d'un croissant accompagné en chef d'un lambel et en pointe d'une fleur de lys. (Voir la planche ci-contre, n° 1) [1]. — Jean donna encore quittance à Guillaume de Montmor, trésorier du roi, de 1100 écus 22 sols tournois pour la première année de ses gages, le mardi 8 octobre 1299. — A cette pièce pend un fragment informe de sceau en cire brune [2].

— Mathieu DE BELLEPERCHE, chevalier, seigneur de Broutelles, consentit en 1321 que les bestiaux de la ferme de Beaurepaire appartenant à l'abbaye de Sery, allassent paître dans toute l'étendue de ses marais de Broutelles [3].

— Hérouart DE BELLEPERCHE, chevalier, maître d'hôtel du roi, reçoit en don du roi Philippe VI, « la terre et la maison des Aumaus avec touttes les appendances et appartenances dicelle, laquele est assise en nostre chatellenie de Lille et laquelle est venue en nostre main par la forfaiture de Jehan Le Chambellenc de Neuport li quex (lequel) fu occis en la bataille desouz Cassel avec nos autres ennemis, à tenir et posséder perpétuelment de nostredit chevalier et de ses hoirs de son propre corps..... donné au *boais* de Vincennes lan mil ccc vint et huit ou mois de janvier » (1329, nouveau style) [4].

[1] Orig. en parch. — Dossier du Cab. des Titres.

[2] Ibid. ibid.

[3] Notice hist. sur l'abbaye de Sery, par M. Darsy, pub. dans le 18me vol. des Mém. de la Soc. des Antiq. de Picardie, p. 229.

[4] Trés. des Chartes, Reg. JJ. 65, 2me partie, pièce 231, f° 71. — Arch. de l'Empire.

— Renaut DE BELLEPERCHE, écuyer, sert de témoin avec Guillaume d'Embreville, Jean de Candeleu, Jean Fresnel, Jean Le Cambier, Philippe Lombart, Jacques Le Fèvre, Jean de Cayeu, Jean de Le Gore, Guillaume Lenfant, Guillaume de Cambron, Anseau et Firmin d'Oisemont, Renaut de Rogehan, Jean d'Aigneville, Guillaume de Vaudricourt et Firmin Le Roy, dans un procès survenu entre le comte de Ponthieu et le comte de Dreux au sujet de l'hommage pour les fiefs de Cayeux, d'Airaines et de Huppy que le comte de Dreux prétendait ne devoir qu'au roi de France. Ce procès eut lieu au commencement de l'année 1335 [1].

— Jean DE BELLEPERCHE, chevalier, seigneur de Fontaines, accompagné de quatre écuyers, va de Belleperche-en-Vimeu à Rennes pour « lost de Ploërmel » en 1342 [2], c'est-à-dire dans l'armée que le duc de Normandie conduisait en Bretagne pour s'opposer à Édouard III, roi d'Angleterre, qui était venu au secours de la comtesse de Montfort. Cette armée fut licenciée quelques mois après, une trève de trois ans ayant été conclue entre les deux couronnes, le 19 janvier 1343. — Le même Jean reconnut, par sa quittance du 12 décembre 1349, avoir reçu de Nicolas Braque, trésorier du duc de Normandie et de Guyenne, 100 florins d'or à l'écu que le duc lui donne « pour certaine cause » qui est demeurée inconnue [3].

[1] Layettes du Trésor des Chartes, J. 235; — Arch. de l'Empire.
[2] Note du XVIIIe siècle, classée parmi le dossier du Cab. des Titres.
[3] Orig. sur parch. — Dossier du Cab. des Titres.

A cette pièce est attaché un sceau en cire rouge, à un écu chargé d'un croissant et d'un lambel en chef. (Voir la planche ci-jointe, n° 2).

— Robert DE BELLEPERCHE, chevalier, servait avec trois écuyers en Picardie et sur les frontières de Flandres, dans le corps d'armée de Mgr d'Angoulême, connétable de France, le 17 avril 1351 [1]. — Il reçut en don de Jean de Hangest, capitaine d'Anjou, du Maine et de Normandie, 25 livres tournois pour l'indemniser d'un cheval qu'il avait perdu à la guerre ; le 8 septembre 1353 [2]. — Robert donna quittance à Barthélemy du Drach, trésorier des guerres, de 51 livres tournois pour ses gages et ceux des gens d'armes de sa compagnie servant dans le comté d'Angoulême, sous le commandement de Guillaume de Nesle, seigneur du Saulchoy, gouverneur dudit pays ; Angoulême, 30 juin 1354 [3]. — A cette quittance pend un petit sceau en cire rouge, à un écu chargé d'un croissant. (Voir la planche ci-jointe, n° 3). — Il donna encore quittance à Philippon de Saint-Père, receveur-général d'Anjou, de Maine et de Touraine, de 105 livres tournois pour un mois des gages de lui et des cinq hommes d'armes de sa compagnie servant à la garde de l'Anjou et de la

[1] Recherches de l'anc. noblesse de France, mss. in-f°, 500 Colbert, 137-138. — Bibl. imp.

[2] Même source que ci-dessus. — Et note contenue dans le dossier du Cab. des Titres.

[3] Tit. scell. de Clairembault, vol. 13, f° 795. — Bibl. imp.

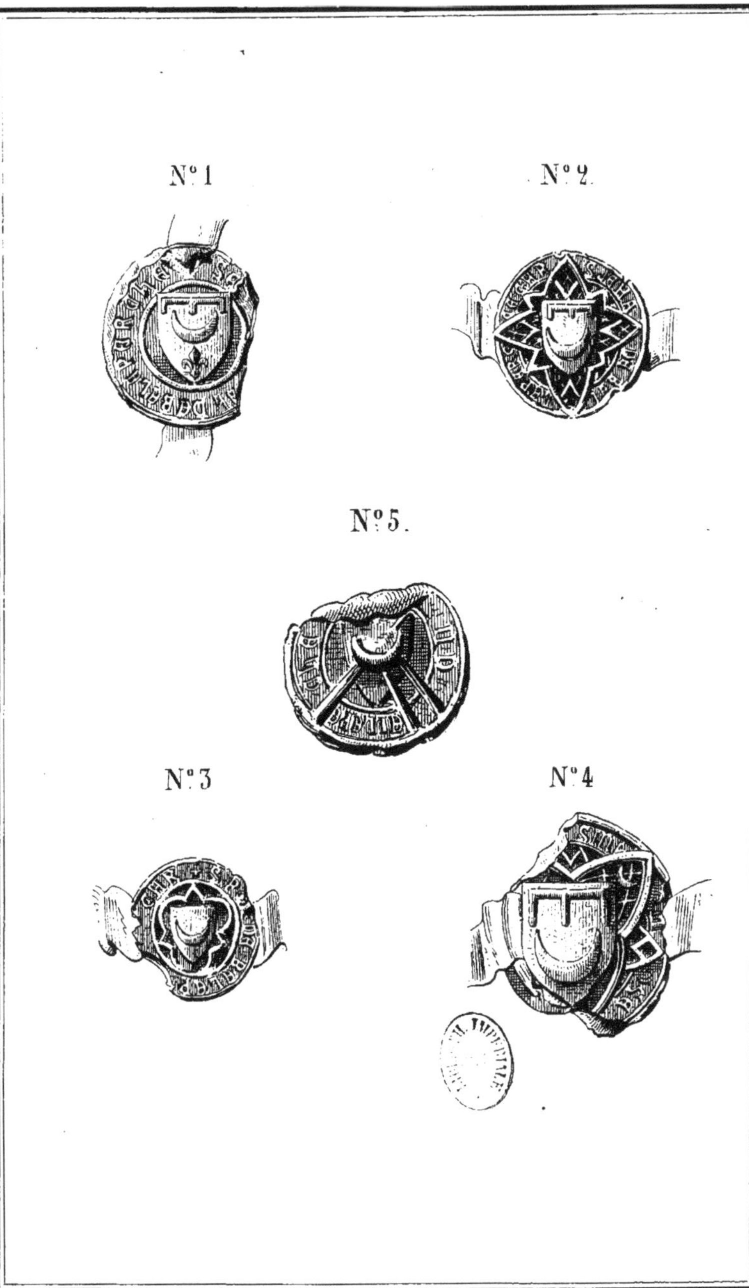

Litho Lemer, Amiens

E Marquette, del

Touraine sous les ordres du sire de Craon, lieutenant du roi dans les dits pays ; le 14 avril 1363 [1].

— Robillart DE BELLEPERCHE, chevalier, achète à Mahieu de Bos-Raoul, dit Perceval, écuyer, quarante journaux de terre appartenant au fief et manoir du Bos-Raoul, avant 1361. — Il avait épousé N... de Croquoison, dont il eut une fille :

N... alliée vers 1380, à Jean BOUTERY, chevalier, seigneur de Huppy, et vicomte de Maisnières.

— Mahieu DE BELLEPERCHE, écuyer, reconnaît avoir reçu d'Étienne Braque, trésorier des guerres, 37 livres 10 sols tournois pour les services que lui et les quatre écuyers de sa compagnie rendent au roi sous le commandement du comte d'Eu ; — Rouen, 4 août 1369 [2]. — A cette pièce est attaché un très beau sceau en cire rouge, portant un écu chargé d'un croissant et d'un lambel. (Voir la planche ci-jointe, n° 4).

— Ansoult DE BELLEPERCHE, écuyer, obtint au mois de mars 1369 des lettres de rémission du roi Charles V, parce que « nagaires ledit Ansoult à Jehan de Nibat vendant lors vin adeça il en la ville d'Abbeville. Souspèrent amiablement ensamble en lostel dudit de Nibat, mais ledit de Nibat, sans cause raisonnable, dit pluseurs grans injures et vilenies audit Ansoult qui paisiblement se tenoit sanz

[1] Tit. scell. de Clairembault, vol. 13, f° 795. — Bibl. imp.

[2] Tit. scell. de Clairembault, vol. 13, f° 795. — Bibl. imp.

lui injurier, et pour ceque ledit de Nibat ne se voult cesser de le injurier et vilener de paroles iceluy Ansoult se cuida lever ou drecier de la table là où il encore seoit; lequel Jehan de Nibat par son outrage fery le devant dit Ansoult de deux poins en la poitrine telement que il chey sur le banz où il avoit siz, et tantost luy relevé eulx deux sachèrent leurs couteaulx et férirent li sus lautre, et au conflit deulx ledit Ansoult fu navréz en trois lieus de son corps par ledit Jehan de Nibat, dont il est malade au lit, et ledit de Nibat fut tellement batu ou féruz que mort sen ensuivy [1]. » — Ansoult laissa des enfants qui, comme on le verra ci-dessous, guerroyaient en 1377, contre Jean et Renaut de Belleperche, leurs parents.

— Jean DE BELLEPERCHE, chevalier, et Renaut de Belleperche, écuyer, son frère, reçurent en 1377, de Charles V des lettres de rémission dont la teneur s'ensuit « Charles, etc..... de la partie de Jehan de Belleperche, chevalier, et Regnault de Belleperche, escuier, frère audit chevalier, nous avoir esté exposé que naguères pendant certain descort (discorde) entre ledit Regnault, d'une part, et les enffans d'Anseul de Belleperche, d'autre part, les diz exposants cuidanz que les diz enfans d'Anseul eussent entencion de chevaucher et aler en certain lieu contre ledit Regnault armez et garniz à grant compagnie pour le grever, firent assemblée à certain jour de pluseurs leurs amis charnelx au quel jour aucuns des dis amis charnelx

[1] Trésor des Chartes, Reg. JJ. 100, pièce 416, f° 130. — Arch. de l'Empire.

des diz exposants furent armez de leurs harnois et cellui jour mesmes nostre bailly d'Amiens fist mettre la main par certains nos sergeans audit chevalier combien quil ne fust pas chief dudit descort, et toutevoies ne fut il point procédé a fait par les diz exposanz ne autres leurs amis, ains, du consentement des dites parties nostre très cher et très amé cousin le comte de Eu fut chargie dudit descort. Néantmoins pour occasion de laditte assemblée et dudit port d'armes, qui sont choses deffendues et contre nos ordenances, nostre procureur audit bailliage d'Amiens a approchié et s'efforce de poursuir et tenir en procès les dis exposans qui plus avant que dit est nont procédé en ceste partie si comme ils dient, supplianz que comme ces choses ils naient faites en content ne mesprisement de nous et nous aient servi bien et loiaument ou faict de nos guerres et mesmement nous y sert de présent ledit chevalier ès parties de Gascoigne soubz nostre amé et féal cousin Robert d'Artois, en la compaignie et soubz le gouvernement de nostre très cher et très amé frère et lieutenant ès parties de Languedoc le duc d'Anjou... » Pourquoi le roi fait auxdits accusés rémission, etc..... Senlis, 22 juillet 1377 [1].

— Hérouart DE BELLEPERCHE, écuyer, servait le 1er mai 1378 dans la compagnie de Jean Boutery, chevalier, à Pont-Audemer [2]. — Il assista à la bataille de Rosebecque,

[1] Trésor des Chartes, Reg. JJ. 111, pièce 201, fo 101. — Arch. de l'Empire.

[2] Cartons du Cab. des Titres.

en 1382, et avait, deux ou trois jours auparavant, traversé la Lys avec Jean de Roye, « en ce voyage compagnons ensemble, » dans un « batelet qu'ils faisoient venir et charrier[1]. » — Il servait, le 1er février 1387, dans la compagnie d'Enguerran de Bézu, chevalier, et le 1er juillet de la même année, dans la compagnie de Robert de Béthune, chevalier banneret[2].

— On lit dans un armorial de la fin du XIVe siècle[3] parmi les « Bachelers de Ponthieu : » — M. Jehan de Belleperche, — d'argent à un croixant de gueules. — M. Hérouart de Belleperche, — semblablement a ung lambel d'azur.

— Hanseaudin DE BELLEPERCHE, écuyer, servait le 1er décembre 1380 dans la compagnie de Jean de Girollez, chevalier[4].

— Raoul et Renaut DE BELLEPERCHE, écuyers, servaient le 17 juillet 1380 dans la compagnie de Jean de Cayeu, chevalier[5].

— N... DE BELLEPERCHE épousa, vers 1410, N... de Saint-Blimond, fille de Jean de Saint-Blimond, chevalier, et de Jeanne Accart, sa femme, avec laquelle il habitait Abbeville en 1388[6].

1 Chron. de Froissart, liv. 2, ch. 180.

2 Tit. scell. de Clairembault, vol. 14, fos 906 et 918. — Bibl. imp.

3 Pub. par M. Douet-d'Arcq, p. 71.

4 Tit. scell. de Clairembault, vol. 53, fo 4036. — Bibl. imp.

5 Ibid. — vol. 24, fo 1718. — Bibl. imp.

6 Généal. de la famille de Saint-Blimond.

— Jean DE BELLEPERCHE, écuyer, seigneur de Nibas et de Mauconduit, fut allié à Isabeau de Tœuffles; d'eux naquit une fille unique :

Nicole DE BELLEPERCHE, dame de Mauconduit qui épousa, par contrat du 12 novembre 1518, Jean de Fontaines, écuyer, seigneur de Wiameville, fils de Guy de Fontaines, écuyer, seigneur de Wiameville, et de Jeanne de Béthencourt.

— Nicole DE BELLEPERCHE fut la dernière de son nom. Les successeurs de son mari, Messieurs de Fontaines de Mauconduit se qualifièrent, depuis cette alliance, de seigneurs de Belleperche, et se partagèrent les biens de la famille de Belleperche qui eut l'heureuse chance de s'éteindre dans une des plus illustres maisons de la Picardie, celle qui fut l'une des gloires du Ponthieu.

Pièces retrouvées depuis l'impression de ce qui précède.

— Adam de Saint-Victor, clerc, vendit à l'abbaye de Foucarmont deux pièces de terre, l'une contenant trois acres, assise sur la paroisse de Graval, tenant à la terre de messire Jean DE BELLEPERCHE, chevalier, le vendredi avant la Saint-Fabien 1296 [1].

— Jean DE BELLEPERCHE, sire de Fontaine-le-Sec et de

[1] Arch. de l'abb. de Foucarmont, — rebut.

Broutelles, et Marie de Charlemont, sa femme, donnent au chapitre de Saint-Quentin le manoir de Sier qu'ils tiennent de Mathieu de Proisy, écuyer, le 11 octobre 1352 [1].

— Jean DE BELLEPERCHE, chevalier, avait vendu à l'abbaye de Corbie le fief de Molemont à Cérisy, suivant l'amortissement du mois de mars 1374 [2].

— Robillart DE BELLEPERCHE, chevalier, et Anseau DE BELLEPERCHE, écuyer, son frère, possédaient par indivis un fief mouvant de la terre de Fresnoy, que Guillaume Haterel, écuyer, avoua tenir du roi à cause de son château d'Arguel, le 6 janvier 1377 [3].

[1] Cartul. rouge du Chap. de Saint-Quentin, p. 286.

[2] Arch. de l'abb. de Corbie, reg. 23, intitulé Aser.

[3] Bureau des finances d'Amiens, cartul. d'Arguel, nº 191, fº 1.

MEMBRES

DE LA

MAISON DE BELLEVAL

QUE L'ON N'A PU RATTACHER DIRECTEMENT A LA GÉNÉALOGIE.

1086. — Guy et Roger de BELLEVAL, frères, chevaliers, comparaissent dans la charte de fondation du prieuré de Biencourt-sur-Authie, en 1086, par Anschaire de Saint-Riquier, chevalier, et Liedselime, sa femme, comme tenant dudit Anschaire des dîmes que celui-ci donne audit prieuré [1].

1090. — Roger de BELLEVAL, chevalier, est témoin avec Hugues Bournel, Hugues de Vismes et Anseau de Fontaines, chevaliers, de la donation faite à l'abbaye de Berthaucourt-les-Dames, par Hade de Bucion, religieuse à la dite abbaye, *atrii et altaris de Bucione,* en 1090 [2].

[1] Archives de l'abb. de Marmoutiers, par D. Martène, t. 1, aux manuscrits de la Bibl. Imp.

[2] Cartul. de Berthaucourt, extr. de Dom Grenier, vol. 93, p. 164 et 184. — Bibl. Imp.

1091. — Le même Roger est témoin avec plusieurs autres de la donation qu'Anscher de Saint-Riquier, et Téceline (*sic*) sa femme, font à l'abbaye de Marmoutiers de plusieurs autels, en 1091 [1].

1185. — Gauthier de Belleval est au nombre des témoins de la charte par laquelle Ursio, Abbé de Saint-Riquier, concède à Lambert, meunier, le moulin d'Ostrenancourt. Il la signe et y appose son sceau, en 1185 [2].

1202. — Vincent de Belleval, échevin de Doullens, est témoin à la charte de commune de Doullens, en juin 1202 [3].

1202. — Gauthier de Belleval, le même que ci-dessus, est un des témoins de la confirmation de la charte de commune de Doullens, donnée par Guillaume, Comte de Ponthieu, en 1202 [4].

1239. — Aléaume de La Noue et Marie de Belleval, sa femme, donnent à l'Église de Froimond la cinquième partie de tout ce qu'ils possèdent, et une partie du manoir qu'ils habitent à Louvencourt, au mois de mars 1239 [5].

1276. — Mathilde, veuve de Remy Le Mansel, vend à l'Abbé et au couvent de Saint-Riquier tous ses droits sur les fiefs de Jean de Belleval, de Robert

[1] Cartul. de Marmoutiers, t. 2, p. 11. — Bibl. Imp.

[2] Chron. centul. auct. D. Cotron, lib. 5, cap. 8.

[3] Pap. de D. Grenier, t. 231, p. 200-203. — Bibl. Imp.

[4] Pap. de D. Grenier, t. 231, p. 206. — Bibl. Imp.

[5] Cartul. de Froidmont (Gaignières), p. 273. — Bibl. Imp.

de Prunelles, de Jean Matiffas et de Pierre de Belleval, en mars 1276[1].

1270. — Thomas de Belleval vend à Jean Le Farsy 63 sols de cens sur plusieurs fiefs situés à Saint-Riquier, en 1270[2].

1288. — Jean de Belval (*sic*), clerc du diocèse de Beauvais, est investi de la cure de Ponchon par l'anneau du Légat du Saint-Siége en France, en 1288[3].

1301. — On trouve dans le dénombrement des tenanciers de l'évêché d'Amiens, dressé à cette date, les noms de Renier, Wicars, Agnès et Pierre de Belleval [4].

1332. — Confirmation par le roi Philippe de Valois, en mars 1332, en faveur de Pons de Belleval, d'un échange fait « in loco vocato a tumba Carbonel, in confinibus villæ de Vavro[5]. »

1337. — Pierre de Belleval comparait monté et armé parmi les nobles de la prévoté de Saint-Riquier convoqués pour la guerre par ordre de Philippe de Valois, le 11 septembre 1337[6].

1342. — Confirmation par le roi Philippe de Valois, d'une vente de forêts dans la sénéchaussée de Toulouse

[1] Chron. centul. auct. D. Cotron, lib. 8, cap. 9.

[2] Cartul. de St.-Riquier, p. 292. — Bibl. Imp.

[3] Cartul. 1 de St.-Germer de Flay, p. 123.

[4] Mss. de la Bibl. d'Amiens, t. xvii des Mém. de la Société des Antiq.

[5] Trés. des Chartes, reg. 11, 69, p. 124-125. — Arch. de l'Empire.

[6] Pap. de D. Grenier, t. 4, p. 19. — Bibl. Imp.

à Pons de BELLEVAL et plusieurs autres, en septembre 1342 [1].

1355. — Lettres de rémission accordées par le roi Jean à Jean et Firmin de BELLEVAL, frères, et à Jean de Porte, leur ami, pour avoir frappé et menacé de mort Wermond Faber qui insultait Aélipde, femme d'Enguerrand de BELLEVAL, leur oncle, le 13 décembre 1355. Les dites lettres leur sont accordées moyennant qu'ils se constitueront prisonniers pendant huit jours dans le Beffroi d'Amiens [2].

1357. — Lettres de rémission accordées par Charles, dauphin du Viennois, régent de France, à Pierre de BELLEVAL, damoiseau, fils de Guillaume de BELLEVAL, pour avoir mis à mal une jeune fille nommée Jeannette, à Arras, en 1357 [3].

1357. — Jean de BELLEVAL, dit *Gavelier,* Pierre de Belleval, son frère, Jean de Belleval et Regnauldin, batard de Belleval, frères, tous écuyers (ces deux derniers cousins des deux premiers) obtiennent de Charles, dauphin de Viennois, régent de France, des lettres de rémission pour eux et pour Guillaume de BELLEVAL, écuyer, père de Jean et de Pierre, qui, à la suite d'un procès avec Guillaume Wagons, écuyer, avait été enfermé dans la forteresse d'Arras pendant quatorze semaines ; en mai 1357 [4].

1 Trés. des Chartes, reg. 11, 74, p. 69-70. — Arch. de l'Empire.

2 Ibid. — reg. JJ., 84, pièce 359, p. 148.

3 Ibid. — reg. JJ., 86, p. 22.

4 Ibid. — reg. JJ. 85, p. 177.

1365. — Genses Hamon fournit à l'abbaye de Saint-Riquier le dénombrement d'un fief qui appartint à Hue de BELLEVAL. — 24 juillet 1365 [1].

1387. — Obéron de BELLEVAL, écuyer, est au nombre des onze écuyers de la compagnie de messire Hue de Greaucourt, chevalier, revue au château de l'Ecluse les 1er janvier et 1er décembre 1387 [2].

1396. — Tassin de BELLEVAL, sergent à pied du guet de nuit de la ville de Paris, donne quittance à Guillaume Amé, receveur de Paris, de sept livres dix sols parisis qui sont ses gages pour le terme de l'Ascension, le 25 août 1396 [3]. — (Sceau en cire rouge, voir la planche 1re, n° 1.

1399. — Pierre de BELLEVAL, écuyer, comme mari de dame Gilles de Miraumont, héritière en partie de noble dame madame d'Esvin, relève un fief tenu du château de Lens, en 1399 [4].

MIRAUMONT : d'argent, à trois tourteaux de gueules.

1422. — Eustache de BELLEVAL vend à Jean Le Roy, auteur des seigneurs de Saint-Lau, une maison qu'il a sur la paroisse de Sainte-Catherine d'Abbeville, en 1422 [5].

1424. — Mahieu de BELLEVAL, échevin et bourgeois d'Ab-

[1] Invent. des Titres de St.-Riquier, p. 209, DD. — Arch. de la Somme.

[2] Tit. scel. de Clairemb., t. 54, p. 4133. — Bibl. Imp.

[3] Ibid. — t. 18, p. 797.

[4] Chambre des comptes de Lille, domaine de Lens. Trés. Généal. de D. Villevieille. — Bibl. Imp.

[5] Mss. de l'abbé Buteux, p. 106. — Arch. du Bois-Robin.

beville, est propriétaire d'une maison sise sur le pont de Talance, à Abbeville, en 1424 [1].

1438. — Pierre de BELLEVAL, archer, comparaît dans la montre de douze lances à cheval, treize à pied, et soixante-quatre archers étant en garnison à Lisieux, sous Jean Standalle, écuyer, capitaine de la dite ville, le 1er novembre 1438 [2].

1441. — Eustache de BELLEVAL paie, lors d'une taxe à Abbeville, en 1441, trente-six sols, comme très-riche [3].

1442. — Bernard de BELLEVAL, écuyer, obtient de Charles VII, roi de France, des lettres de rémission pour avoir tué avec une arbalète Guillaume Calvet, à Roquevidal, mars 1442 [4].

1465. — Pierre de BELLEVAL vend des chênes à la ville d'Abbeville, en 1465 [5].

1471. — Millet de BELLEVAL, écuyer, est au nombre des archers de la compagnie de douze hommes d'armes et de vingt-quatre archers de Jean du Fou, grand échanson de France, selon la revue qui en fut faite le 1er juillet 1471 [6].

1476. — Gilles de BELLEVAL, dit *le grand Gilles* de Belleval,

[1] Mss. de l'abbé Buteux, p. 108. — Arch. du Bois-Robin.
[2] Cartons du Cab. des Titres. — Bibl. Imp.
[3] Mss. de l'abbé Buteux, p. 107. — Arch. du Bois-Robin.
[4] Trés. des Chartes, reg. JJ., 176, p. 133. — Arch. de l'Empire.
[5] Mss. de l'abbé Buteux, p. 108. — Arch. du Bois-Robin.
[6] Cartons du Cab. des Titres. — Bibl. Imp.

est dit habiter, en 1476, la rue aux Pareurs à Abbeville [1].

1480. — Jean de BELLEVAL, sergent d'armes du roi, demeurait à Hocquélus en 1480. Il se servait d'un sceau à ses armes, au lieu de celui de son office [2].

1486. — Gilles de BELLEVAL prête de l'argent à la ville d'Abbeville, en 1486 [3].

1490. — Robert de BELLEVAL, écuyer, homme d'armes des ordonnances du roi, obtient de Charles VIII des lettres de rémission pour avoir tué au village de Beaucamp près Saint-Pol, alors neutre, un homme qui voulait le faire arrêter pendant une expédition entreprise pour le service du roi : 1490 [4].

1495. — Gilles de BELLEVAL signe la première coutume de Ponthieu, en 1495 [5].

1500. — Jacques de BELLEVAL demeurait en 1500 dans la rue de la Tannerie à Abbeville. Il possédait du bien à Morival et un fief à Martainneville-les-Butz [6].

1517. — Robert de BELLEVAL possède un bien considérable à Hocquélus, en 1517.

1523. — Nicolas de BELLEVAL, religieux, mansionnaire au couvent de Saint-Pierre d'Abbeville.

1525. — Messire Nicole de BELLEVAL, chanoine d'Amiens

[1] Mss. de l'abbé Buteux, p. 108. — Arch. du Bois-Robin.
[2] Ibid. — p. 107.
[3] Ibid. — Ibid.
[4] Trés. des Chartes, reg. JJ., 225, p. 43. — Arch. de l'Empire.
[5] Mss. de l'abbé Buteux, p. 108. — Arch. du Bois-Robin.
[6] Ibid. — Ibid.

et grand-vicaire de Mgr. François de Hallwin, évêque d'Amiens, fonde des messes à Amiens pour le repos de l'âme de messire N. de Belleval, écuyer, son frère. Il fonda l'office canonial dans l'église de Sainte-Catherine d'Abbeville et lui donna tout un ornement de drap d'or brodé à ses armes. Il fonda, le 25 juin 1519, six chapelles dans la chapelle Saint-Jacques sise au cimetière de Saint-Denis, à Amiens. Parmi les biens qu'il donna dans cette circonstance se trouvait une « grosse ferme » à Chepy, en Vimeu : en échange de son consentement à l'amortissement de cette ferme, le seigneur de Chepy fut nommé présentateur à la première des six chapelles, du côté droit, dans la chapelle Saint-Jacques : la troisième du côté gauche fut laissée à la nomination du corps de ville : — M. de Gouffier, seigneur de Thoix, à cause de sa terre de Morvillers, en eut une ; et la sixième fut unie à la cure de Saint-Michel. Ces six chapelles furent placées sous l'invocation de Sainte-Catherine. A sa mort, arrivée le 18 février 1526, Nicole fut enseveli dans le chœur de la chapelle Saint-Jacques, à droite du maître-autel. « On voit sa statue sculptée en bosse, de grandeur naturelle et peinte, placée à genoux dans une arcade pratiquée dans l'épaisseur de la muraille, du même côté qu'il est enterré. La statue est présentée par

[1] Mss. de l'abbé Buteux, p. 108. — Arch. du Bois-Robin.

[2] Ibid. — p. 110.

Cy gist le corps de vénérable personne Mr
Maitre Nicolle de Belleval, en son vivant,
Chanoine d'Amiens, Vicaire de Révérend père en Dieu Mr
Francois de Gallevin, Évêque d'Amiens, lequel à fonde six
chapelains en cette présente chapelle qui sont tenus de
dire chaque jour à haute voix les heures et messes —
Qui trespassa l'an MVXXVIII.

E. Marquette del.

celle de Sainte-Catherine posée en pied, aussi de grandeur naturelle, accompagnée au bas de plusieurs petites figures d'ecclésiastiques à genoux, de plusieurs autres personnes de messieurs ses parents. Proche de son épitaphe on voit l'écu de ses armes. »

Cette épitaphe était ainsi conçue :

« *Ci gist le corps de vénérable personne Me Maître Nicolle de Belleval, en son vivant chanoine d'Amiens, vicaire de révérend père en Dieu, M. François de Hallevin, évêque d'Amiens ; lequel a fondé six chapelains en cette présente chapelle, qui sont tenus de dire chaque jour à haute voix les heures et messe.* Qui trespassa lan MCc XXVIII. »

Cette tombe, très-curieuse, fut détruite en même temps que l'ancien et si curieux cimetière Saint-Denis d'Amiens.

Nicole de Belleval, qui avait pour frère N..., écuyer, lequel ne laissa pas de postérité, était fils de Gilles de Belleval, cité plus haut, lequel était lui-même fils d'Eustache, également rapporté plus haut[1].

1539. — Bernard de BELLEVAL, écuyer, est archer payé à la grande paie dans la compagnie de quarante hommes d'armes et de soixante archers commandée par M. de Beaumont-Brézé, selon la revue faite à

[1] Mss. de l'abbé Buteux, p. 108. — Arch. du Bois-Robin. — Hist. de la ville d'Amiens, par le P. Daire, t. 2, p. 361-362. — Manusc. de Pagès, publ. par L. Douchet, t. 1.

Semur-en-Auxois, le 9 juin 1539. — Le même comparaît comme homme d'armes dans la même compagnie, selon la revue faite à Viteaux en Bourgogne, le 2 juin 1542 [1].

[1] Tit. scel. de Clairemb. 2e série, au mot Beaumont. — Bibl. Imp.

La maison de Belleval a formé dix-sept branches ou rameaux, tous successivement éteints, à l'exception de la branche aînée et de celle du Languedoc : cette dernière n'est plus représentée que par une seule personne. Messieurs de Belleval-Bois-Robin, chefs du nom et des armes, déclarent donc qu'ils ne reconnaissent personne pour parents, et qu'ils ne reconnaissent à personne le droit de prendre le nom de Belleval, de se dire de leur famille et de porter leurs armes, cri et devise.

La filiation prouvée commence avec le suivant :

I. Roger de Belleval, chevalier : il vivait en 1180, et souscrivit cette même année, avec Gislebert de Belleval, aussi chevalier, son frère, la donation faite par Robert de Naours, sa femme et leurs enfants, à l'abbaye de Fontevrault, pour la maison de Belleval, de tout ce qu'ils avaient assis à Havernast [1]. Il fut père de :

1° Martin, qui suit.

2° Hugues de Belleval, allié à une demoiselle noble du nom de

[1] Trés. généal. de D. Villevieille. — Bibl. Imp.

Gilette. Il vendit avec elle, en avril 1213, à Firmin Rabuissons, clerc, moyennant 100 livres parisis, dix muids de blé à prendre sur les dîmes de Bertramecourt. Au mois de mai suivant, cette vente fut confirmée par Elizabeth, dame d'Avesnes, et enfin, au mois de juin, elle fut encore confirmée par Evrard, évêque d'Amiens [1].

3° Robert, dit de BELLEPERCHE, chevalier, auteur de la maison de ce nom, qui adopta pour armoiries : *d'argent au croissant de gueules.* (Voir ce que nous avons dit de lui et de la famille dont il fut l'auteur au préambule de cette généalogie).

VADENCOURT : d'argent, à trois pals de gueules.

4° Béatrix de BELLEVAL, femme de Guy de Vadencourt, chevalier.

II. Martin de BELLEVAL, chevalier, occupait un rang élevé parmi la haute noblesse de Picardie. Les actes qui nous sont restés de lui en font foi. — On ignore l'époque de sa naissance. — En décembre 1208, il vend avec Béatrix, sa sœur, épouse de Guy de Vadencourt, chevalier, à la chapelle de Saint-Jean-Baptiste de Corbie, la moitié de la dîme de Belleval et toute la dîme des jardins. Cette vente, consentie par Jean d'Autuille et Robert de Forceville, chevaliers, fut passée devant Richard, évêque d'Amiens [2]. Au mois de mars 1211 il sert de témoin, avec *son frère* Robert dit de Belleperche, chevalier, « Robertus quoque de Bellapertica, frater ejus...... tunc milites » à une charte de Robert de Frettemeule, chevalier [3]. En 1221, il est choisi pour arbitre avec l'abbé de Clairfay, J. de Sailly et J. de Forceville, prêtres, pour régler un différend qui

[1] Cartul. du chap. d'Amiens, t. 2, p. 161. — Arch. de la Somme.

[2] Cartul. de l'évêché d'Amiens, p. 52. — Pap. de D. Grenier, t. 244, p. 153. — Bibl. Imp.

[3] Recueil de chartes de Ponthieu. — Bibl. du Bois-Robin.

s'était élevé entre l'Hôtel-Dieu d'Amiens et Hugues de Gombecourt, chevalier; l'affaire, portée devant Maitre R. de Sainte-Foi, chanoine et official d'Amiens, fut, après la décision des arbitres, terminée par une charte du mois de novembre 1236 [1]. — De sa femme, dont le nom est inconnu, Martin laissa deux fils :

1° Adam, qui va suivre ;

2° Guy de Belleval, institué prieur de Cairon, par Guillaume, abbé de Cluny, en 1248 [2].

III. Adam de Belleval, chevalier, seigneur de Belleval, quitta les environs de Saint-Riquier et vint se fixer par un mariage, à ce que l'on suppose, à Huppy-en-Vimeu. Il y acquit un nombre considérable de terres qui devinrent une seigneurie indépendante sous le nom de Belleval, nom qu'elle conserva jusqu'à la fin du XVIIIe siècle. Cette seigneurie comprenait un manoir, des maisons, des terres s'étendant à Huppy et aux environs, la justice, des cens, rentes, manages, etc..... — Adam épousa Marie Boutery, d'une ancienne maison qui devait posséder peu après la seigneurie de Huppy et qui s'éteignit en 1415 dans la personne de Charles Boutery, chevalier, seigneur de Huppy, vicomte de Maisnières, tué à la bataille d'Azincourt. — Avec le consentement de sa femme et « d'Aliames, men fil et men hoir » il vendit à Hugues de Brimeu, chevalier, « wit journieus de me tere peu plus peu mains seans en

Boutery : d'argent, à trois bouteilles d'azur.

[1] Cartul. de l'Hôtel-Dieu d'Amiens, p. 73. — Pap. de D. Grenier, t. 90, p. 442. — Bibl. Imp.

[2] Gallia christ. t. 2, p. 714.

MAISNIÈRES : Comme ci-dessus.

5° Isabelle de BELLEVAL, femme de Jean de Maisnières, écuyer ; elle vendit à Jean du Bos, écuyer, son neveu, un fief assis à Huppy, appelé le fief d'Aisseu, tenant en plusieurs de ses parties à Perceval et à Pierre de Belleval, et s'en dessaisit entre les mains de monseigneur Jean Tyrel, chevalier, sire de Poix et de Mareuil, à cause de sa seigneurie de Mareuil, et celui-ci en donna la saisine audit Jean Dubos, le 31 mai 1361 [1].

DU BOS : d'argent, au lion de sable.

6° N.... de BELLEVAL, femme de N.... du Bos, écuyer.

VI. Jean de BELLEVAL, IIe du nom, écuyer, seigneur de Belleval, a beaucoup paru et le dossier des pièces qui le concernent est aussi important que curieux. Il est dit fils et héritier de défunt Jean de Belleval, dans deux arrêts du Parlement de Paris, qui le condamnent par contumace à payer à Marguerite Beaupignie, veuve de Firmin Le Roux, trente-quatre livres et sept sols parisis, le 6 juillet et le 9 novembre 1350 [2]. — Il donne quittance, le 20 février 1369, à Etienne Braque, trésorier des guerres, de 57 sols tournois pour ses gages ; cette pièce est munie d'un sceau en cire rouge entièrement brisé sur les bords et sur lequel on ne voit plus qu'un écusson debout, chargé d'une bande et de six croix, placées trois en chef et trois en pointe [3]. (Voir la planche 2me, n° 1).

En 1370, Jean de BELLEVAL était en Bourgogne et vers la Chandeleur de cette même année, il tua dans la ville de Chablis, Geoffroy de la Rochelle qui avait, avec quelques habitants de ce lieu « nagaire murdris et mis à mort sans

[1] Trés. généal. de D. Villevieille, Cab. des Tit. — Bibl. Imp.
[2] Reg. des jugés du Parlem. X, 11, p. 314, et reg. X, 13, p. 30.
[3] Rec. de montres et de quittances. Copie faite au XVIIe siècle.

N°. 1.

Tassin de Belleval,
sergent à pied du guet de nuit
de la ville de Paris.
(25 Août 1396)

N°. 2.

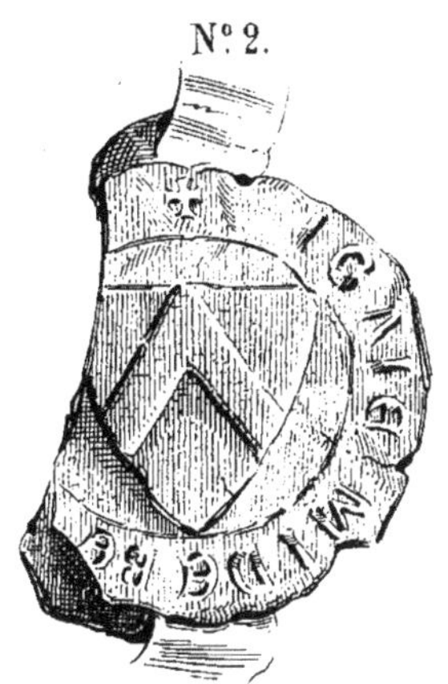

Aléaume de Belleval
Chevalier (1312)

N°. 3.

Jean de Belleval,
Ecuyer (20 Decembre 1348)

N°. 4.

Perceval de Belleval,
Ecuyer, (2 Juin 1363)

N°. 5.

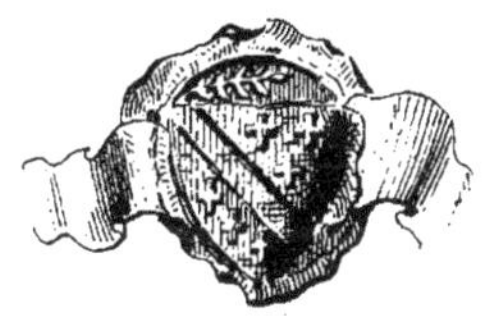

Jean de Belleval,
Ecuyer (20 Février 1369)

Litho. Lemer, Amiens.

E. Marquette. 63.

cause et sans raison plusieurs bons escuiers hommes d'armes de la mort desquels il (Jean) estoit moult dolent et courroucié. » Jean, pour ce fait, fut arrêté et détenu à Sens, mais le 3 mars 1371, le roi Charles V « estant en son bois de Vincennes » lui accorda des lettres de rémission et ordonna par lesdites lettres au bailli de Sens de remettre Jean de Belleval en liberté [1]. Dans cette pièce Jean est qualifié écuyer. — Le 30 mai 1380 il fit montre à Abbeville avec un écuyer de sa compagnie, Guillaume Béquet, et le lendemain il donna quittance à Jean Le Flament, trésorier des guerres, de 26 livres 12 sols tournois, pour les services que lui et ledit écuyer ont fait dans les guerres de Picardie, dans la compagnie du sire de Coucy et sous les ordres du duc de Bourgogne [2]. Cette pièce est scellée d'un sceau en cire rouge bien conservé, qui est celui de Jean Maquerel, chevalier, seigneur de Harmanville, à qui Jean de Belleval l'a emprunté en l'absence du sien. (Voir la planche 2me, n° 1).

Jean était, comme son père, feudataire de l'abbaye de Saint-Riquier. Il servit en cette qualité à l'abbé un aveu et dénombrement de ses terres, fiefs et manoir de Belleval, séant à Huppy, le 3 novembre 1383 [3]. C'est alors qu'il adopta la fatale résolution qui eut pour résultat de ruiner son fils. Il embrassa chaleureusement le parti des Anglais et fit avec eux la guerre au roi de France. Charles, irrité,

[1] Trés. des Chartes, reg. JJ, 102. p. 34. — Arch. de l'Empire.

[2] Cartons du Cab. des tit. — Bibl. Imp.

[3] Invent. des tit. de l'abb. de Saint-Riquier, p. 1347, vº. — Arch. de la Somme.

Jean de Belleval avait servi, le 8 novembre 1345, à Pierre d'Allouenges, 47me abbé de Saint-Riquier, un nouvel aveu pour ses fiefs, terres et manoirs séant à Huppy [1]. Il servait deux ans après dans la compagnie de Robert de Hénencourt, écuyer, composée de lui et de trois écuyers, selon la montre qui en fut faite à Caen, le 1er septembre 1347 [2]. — Le 20 décembre 1348 il donna une quittance de 20 livres parisis pour les gages de lui et trois écuyers de sa compagnie servant en Picardie sous monseigneur Guy de Nesle, seigneur de Mello. Cette pièce est scellée d'un sceau en cire rouge sur lequel on remarque encore un écusson seul, debout, chargé d'un chevron. De la légende, entièrement brisée, il ne reste plus que ces deux lettres : « EL.... [3] » (Voir la planche 1re, nº 3).

Fricamps : de gueules semé de croix recroisetées au pied fiché d'or, à la bande de même brochant sur le tout.

Jean de Belleval épousa Marie de Fricamps, d'une très ancienne et très considérable maison de Picardie, dont la branche aînée fixée dans son château de Fricamps (canton de Poix (Somme), s'éteignit vers 1320 dans la maison de Sarcus, tandis que la branche cadette, établie en Basse-Normandie où le roi Saint-Louis lui donna en 1231 la terre et seigneurie de Montfarville et des fiefs à Carnanville, Quettehou, Valcanville, Gerville, Mobec et Véli, devait s'éteindre soixante-dix ans après dans la maison de Belleval, par une seconde alliance. Nous donnerons à la fin de notre travail une notice sur la maison de Fricamps.

1 Invent. des tit. de l'abb. de Saint-Riquier, VF, p. 1347, aux arch. de la Somme.

2 Cartons du Cab. des tit. — Bib. Imp.

3 Rec. de montres et quittances. Copie du XVIIe siècle.

Nous renvoyons au préambule de cette généalogie dans lequel nous avons établi l'historique des deux sortes d'armoiries qui furent portées successivement par les seigneurs de Belleval, de manière à ne pas laisser place au plus léger doute, à ne pas donner matière à la moindre contradiction. Bornons-nous à constater ici, d'après le sceau pendant à la quittance du 20 décembre 1348, que Jean de Belleval portait pour armoiries « de sable au chevron d'or, » comme ses ancêtres, comme Aléaume de Belleval, son père.

Jean de Belleval était mort en 1350 : il fut père de :

1° Jean qui suit :

2° Émond de Belleval, chevalier, tué à la bataille de Poitiers, le 19 septembre 1356. Il fut reconnu parmi les morts à sa cotte d'armes « de sable à ung chevron d'or » et enterré avec sept autres cadavres inconnus sous les cloîtres du couvent des frères Prêcheurs, à Poitiers [1].

3° Pierre de Belleval, écuyer, possesseur de fiefs à Huppy : allié à N.... de Maisnières.

4° Perceval de Belleval, écuyer ; il donne quittance à Chrestien du Cange, receveur de l'aide à Amiens, de 4 livres tournois pour ses gages de sept jours de service sous messire d'Aubigny, chevalier, le 2 juin 1363. A cette pièce pend un sceau en cire rouge portant, au milieu d'une étoile gothique, un écusson debout, seul, semé de croisettes, à une bande sur le tout. La légende est effacée [2]. (Voir la planche 1re, n° 4.) Perceval épousa N... Boutery, fille de Jean Boutery, chevalier, seigneur de Huppy, et de Marie de Crésecques. Boutery : Comme ci-dessus.

[1] Bouchet, Annales d'Aquitaine, 4me partie, f° 15, annoté par M. de Villers de Rousseville.

[2] Rec. de quitt. et de montres. Copie du XVIIe siècle.

une pieche ou teroir de Caisnoi » par charte de l'an 1265 « le vegille de lassumpcion Notre-Dame [1] ». — Il est nommé avec son fils dans une transaction relative à certains droits de mouture et de four conclue entre Jean de Brimeu, chevalier, et l'abbé et les religieux de Saint-Riquier. Cet acte constate qu'Hugues de Brimeu, père de Jean, avait acheté d'Adam de Belleval et de son fils, « emit ab Adam de Belleval ejusque filio » un fief sis au territoire de Belleval à Huppy, avant 1266 [2]. — On ne connaît pas à Adam d'autre fils qu'Aléaume, qui suit.

IV. Aléaume de Belleval, chevalier, seigneur de Belleval, est connu par deux actes. En 1308, au mois de mars, avec le consentement de sa femme il constitue une rente annuelle de six livres, assignée sur sa terre de Belleval, au profit de Allard Broustin [3]. — Au mois de mai 1312, le jour de Saint-Honoré, il donne la saisine du manage assis à Huppy et tenu de lui à messire Jean Boutery, chevalier, qui l'avait acquis de Pierre Gouvernel, homme dudit Aléaume. Cette pièce était munie d'un sceau en cire brune, sur lequel était un écu seul, debout, chargé d'un chevron. La légende était en très mauvais état [4]. — Aléaume avait épousé Jeanne de Maisnières, d'une des plus anciennes et illustres maisons de Picardie issue en droite ligne des comtes de Ponthieu ; elle était fille de Jean de Maisnières, che-

Maisnières : d'or, à trois bandes d'azur.

1 Arch. du Bois-Robin. — Copie authentique.

2 Chron. centul. auct. D. Cotron, cap. 8, § 4, lib. 6.

3 Mss. de D. Caffiaux, au Cab. des tit. de la Bibl. Imp.

4 Chron. centul. auct. D. Cotron, lib. 6. — et Trés. généal. de D. Villevieille. — Bibl. Imp.

valier, seigneur dudit lieu. Cette alliance si honorable est attestée par la pièce de 1308, ci-dessus mentionnée, où Jeanne est nommée avec son mari. D'Aléaume de Belleval et de Jeanne de Maisnières naquit Jean, qui suit.

V. Jean de Belleval, 1er du nom, écuyer, seigneur de Belleval, est qualifié homme-lige et feudataire de l'abbaye de Saint-Riquier dans un aveu et dénombrement qu'il servit à ladite abbaye pour sa seigneurie de Belleval, sise à Huppy, le 26 décembre 1343 [1]. Il était en procès avec l'abbaye de Corbie, en 1344, et par un arrêt du 1er juillet de ladite année, le Parlement renvoya la cause devant le bailli d'Amiens [2]. Jean avait été condamné, la même année, on ne sait pour quel motif, à payer une amende de cent livres : il obtint du Parlement de Paris un arrêt, le 9 janvier 1345, contre les maïeur et échevins d'Amiens, déclarant que vu la noblesse de sa race et sa qualité de noble, l'amende devra être réduite de quarante livres [3]. Le 25 décembre suivant, le même Jean de Belleval, qualifié cette fois bourgeois d'Amiens, titre qui, comme on vient de le voir, n'excluait nullement la noblesse mais était au contraire très compatible avec elle, fut remboursé par l'abbaye de Corbie d'une somme de 26 livres et treize sols qu'il avait été injustement condamné à lui payer [4].

[1] Chron. centul. auct. D. Cotron, lib. 7, cap. 4.

[2] Rég. des jugés du Parlem. de Paris, x, 10, p. 45. — Arch. de l'Emp.

[3] Manusc. de Villers de Rousseville, t. 1er au mot : Belleval. — Bibl. de M. Caumartin, à Amiens.

[4] Rég. des jugés du Parlem. de Paris, x, 10, p. 331. — Arch. de l'Empire.

prononça par lettres patentes du 15 octobre 1384 [1], la confiscation des terres du seigneur rebelle. La seigneurie de Belleval fut donnée à l'abbaye de Saint-Riquier, et Jean, déclaré coupable de lèse-majesté, fut banni à perpétuité du royaume. Il résulte de là que le Jean de BELLEVAL que l'on voit servir en qualité d'écuyer dans la compagnie de Hugues de Chandeo, chevalier, selon les montres du 1er octobre 1380, faite à « Guerachez, » du 28 octobre 1385 et du 18 octobre 1387 faites à Saint-Johnston en Ecosse, et du 29 septembre 1386, faite à Arras [2], ne pouvait être Jean, IIe du nom, mais sans doute un de ses parents. — On voit par les lettres de bannissement et de confiscation de 1384, que Jean avait épousé Claude de Lisques, fille de Jean de Lisques, chevalier, seigneur et baron dudit lieu, gouverneur de Gravelines, et de Marie d'Auxy. Son fils unique fut Baudouin qui suit.

LISQUES : Bandé d'argent et d'azur de 6 pièces, à la bordure de gueules.

VII. Baudouin de BELLEVAL, chevalier, chambellan du duc d'Orléans, servait comme écuyer dans la compagnie de 11 écuyers de Hue, sire de Graucourt, chevalier, selon la montre faite à l'Ecluse, le 1er septembre 1387 [3]. Il servit encore dans la compagnie de Gilles de Mailly, chevalier, composée d'un chevalier bachelier et de huit écuyers, qui fut passée en revue au Mans, le 29 juillet 1392 [4]. — Le

[1] Copie du XVIIe siècle, et Invent. des tit. de l'abb. de Saint-Riquier, *ut suprà*.

[2] Tit. scel. de Clairemb., vol. 28. — Bibl. Imp.

[3] Ibid. — vol. 34.

[4] Ibid. — vol. 68.

N° 1.

Jean de Belleval, Ecuyer,
(20 Mai 1380)
(Sceu de Jean Maquerel, Chevalier,
Seigneur de Harmanville;
emprunté en l'absence du sien)

N° 2.

Baudouin de Belleval, Chevalier,
Chambellan du duc d'Orléans.
(16 Août 1403)

N° 3.

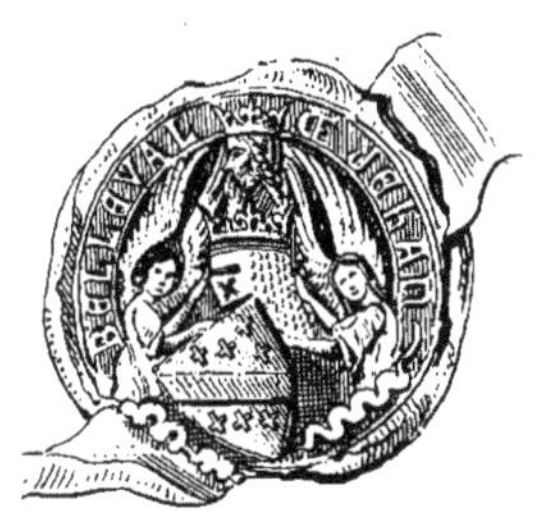

Jean de Belleval, Ecuyer,
S^gr de Belleval, Montfarville & Thibouville,
Capitaine de 24 arbalétriers.
(6 Avril 1420)

N° 4.

François de Belleval, Ecuyer,
Seigneur de Rouvroy,
Enseigne de 50 hommes d'armes.
(26 Janvier 1563)

10 août 1403, « Baudouyn de BELLEVAL, chevalier, chambellan de monseigneur le duc d'Orliens » donna quittance à Jean Poulain, trésorier du prince, de 10 francs d'or que le duc lui octroie en considération de ses services [1]. A cette pièce est suspendu un magnifique sceau en cire rouge, extrêmement curieux et qui offre des détails et une disposition très-rares et dont on ne rencontre presque jamais d'exemples. (Voir la planche 2me, nº 3.) L'écu qui figure dans ce sceau porte un chevron. Baudouin avait donc, malgré l'exemple de son père qui se servait des armes de Fricamps, conservé l'écusson de ses ancêtres, de sable au chevron d'or. A l'appui de cette preuve irrécusable, on lit dans un fragment étendu manuscrit d'un armorial de Picardie de la fin du XIVe ou du commencement du XVe siècles [2]: « M. Baudoyn de BELLEVAL, de sable a un quevron d'or »

S'il ne nous reste que bien peu de documents sur Baudouin, en revanche son nom appartient à l'histoire. Il est en effet au nombre des gentilshommes qui perdirent la vie dans la sanglante journée d'Azincourt, le 25 octobre 1415. Monstrelet le classe parmi les « grands seigneurs des marches de Picardie » (*sic*) qui restèrent sur le champ de bataille [3].

Baudouin avait épousé Maroie Carue, fille de Jean Carue, écuyer, et il en eut quatre enfants :

CARUE : d'argent au sautoir de gueules, cantonné de 4 hures de sangliers de sable.

[1] Arch. du Bois-Robin.

[2] Ibid. — orig. en parch.

[3] Monstrelet, édit. de 1550, chap. CXLVIII.

partir de lui, devinrent les armes de la maison de BELLEVAL, armes que cette maison n'a jamais cessé de porter depuis. L'écusson des sires de Fricamps devint donc celui des seigneurs de BELLEVAL dont l'écusson primitif, de sable au chevron d'or, fut mis entièrement en oubli. (Voir la planche 2me, n° 4).

Jean fut inquiété dans sa noblesse par les commissaires du roi et du duc de Bourgogne « sur le faict des nouveaulx acquets et refformacions ; » ceux-ci firent une enquête dans laquelle les témoins qui comparurent déposèrent que Jean de BELLEVAL « estoit noble et noblement procrée et yssu tant du costé de son père messire Baudouyn de BELLEVAL, en son vivant chevalier, que de damoiselle Maroye Carue qui fust sa mère et que comme noble il avoit cry et armes. » Ces témoins qui « luy estoient parents et de lignage et amys » et qui déclaraient que « s'il avoit affaire pour son honneur ils le serviroient » étaient messire Pierre de Boufflers, chevalier, messire Henri Carpentin, chevalier, sénéchal de Domart, Gauvain Quiéret, Jean Carue, Rifflart Damiette, Guillaume d'Aigneville, Hutin de Friaucourt, Colart Gourle, Jean Abraham, seigneur de Millencourt, Colart de Boubers, seigneur de Bernâtre et Jean Blottefière, tous écuyers et appartenant aux meilleures et plus anciennes familles du Ponthieu. Il est difficile de voir une plus belle et plus concluante preuve de noblesse. Telle fut aussi l'opinion des commissaires français et bourguignons

ports sont deux anges les ailes éployées, sortant à mi-corps de deux nuages, la légende : « J. Jehan Belleval. »

qui maintinrent Jean de Belleval dans sa noblesse, en qualité de gentilhomme d'ancienne extraction, par une sentence où sont relatés tous les détails qui précèdent et qui fut prononcée à Abbeville le 10 octobre 1437 [1]. — Le 12 septembre de la même année, en qualité d'homme-lige de la seigneurie de Mareuil, Jean assista à la vente faite par Marguerite Le Prévost, fille de Jacques Le Prévost et veuve de Jean de Maillefeu, à Regnaut L'Yver, demeurant à Abbeville, moyennant onze livres quatre sols parisis, d'un fief restraint, sis à Goancourt [2].

Jean de Belleval s'allia en Normandie. Il épousa, vers 1420, Jeanne de Fricamps, dame de Montfarville, Thibouville et Fontaine-la-Sorel, fille de Jean de Fricamps, chevalier, seigneur desdits lieux, chambellan du roi, et de Marie de Vierville. Jeanne avait été maintenue, en 1419, par Henri V, roi d'Angleterre, dans la possession de ses biens « selon l'accord fait pour la reddition du château de la rivière de Thibouville à elle appartenant [3]. » Elle avait été maintenue une seconde fois dans la même année en possession des terres et biens qu'elle avait en dot dans le duché de Normandie [4]. Enfin la même année elle fit hommage pour les mêmes biens au roi d'Angleterre représenté par Walter Beauchamp [5]. — Jeanne avait donc apporté en dot à son mari les terres, fiefs et seigneuries importantes de Mont-

Fricamps : Comme ci-dessus.

[1] Dom Caffiaux. — Mss. de l'abbé Buteux. — Arch. du Bois-Robin.

[2] Suppl. de D. Grenier, pièce orig. en parch. — Bibl. Imp.

[3] Rôles normands, etc... conservés à la tour de Londres, t. 1, p. 282.

[4] Ibidem.

[5] Ibidem.

de Caumont, son fils, et vingt-huit francs une fois payés à Thomas de la Haye et à ses filles [1].

Une grave difficulté s'était élevée à propos de cet acte. La seule copie authentique qu'on en possédât portait qu'il avait été passé en 1516 et non pas en 1416 ; or, en 1484, le 20 novembre, Jean de Belleval, fils de celui-ci, sert un aveu à l'abbaye de Saint-Riquier pour sa terre de Belleval séant à Huppy. Quel nouvel événement aurait donc pu se passer qui eût amené cette nouvelle dépossession et contraint à racheter en 1516 une seigneurie qu'on voit encore aux mains de la maison de Belleval en 1484 ? Aucune : le fait de 1383 avait été unique et ne s'était pas reproduit. La pièce, dans sa copie du 3 juillet 1582, était donc probablement post-datée de cent ans par une erreur du copiste; mais il fallait s'en assurer, ce à quoi on est parvenu par la constatation des faits suivants :

1° Colart Boussart qui figure en tête de l'acte, avec la qualité d'auditeur du roi à Abbeville, n'a jamais existé en 1516. En 1416, au contraire, vivait à Abbeville Colart Boussart, d'abord praticien, puis, en 1424, lieutenant-général de la sénéchaussée de Ponthieu [2].

2° Ni à la fin du xve ni au commencement du xvie siècles on n'aperçoit de Jean Poullain d'Acheu, nom donné dans l'acte au père du vendeur; un Jean Poullain d'Acheu vivait de 1363 à 1406, ce qui convient à merveille à la date réelle [3].

[1] Copie de 1582, sur pap. — Arch. du Bois-Robin.

[2] Mss. de l'abbé Buteux, p. 225 et suiv.

[3] Ibidem.

3° Enfin, ce qui est plus concluant que tout le reste et ne laisse pas subsister le plus léger doute, c'est que, l'acte étant passé devant les officiers d'un dauphin du Viennois, duc de Berry, comte de Ponthieu et de Poitou, on ne trouve qu'un seul personnage qui ait été à la fois dauphin de Viennois, duc de Berry, comte de Ponthieu et de Poitou, et que ce personnage était le deuxième fils du roi Charles VI, Jean, qui réunit précisément et réunit seul, on ne saurait trop le répéter, tous ces titres depuis le 13 juin 1416 jusqu'au 4 avril 1417, jour où il mourut, sans laisser d'enfants de son mariage avec Jacqueline de Bavière. L'acte de vente est daté du 28 novembre, donc et incontestablement, l'acte est bien de l'année 1416.

Jean de BELLEVAL servait en 1418 dans la compagnie de Louis de Saint-Simon, écuyer, composée de 14 écuyers, qui fut passée en revue le 8 décembre 1418 [1]. Le 6 avril 1420, il était capitaine de vingt-quatre arbalétriers et tenait garnison avec eux dans le château du Crotoy qu'ils étaient chargés de défendre, sous le commandement supérieur de Jacques d'Harcourt, comte de Tancarville : il donna ce jour, en ladite qualité, quittance de 50 francs d'or pour ses gages [2]. A cette pièce est suspendu un sceau en cire rouge ; l'écu porte la bande et les sept croix [3] des Fricamps, qui à

[1] Cartons du Cab. des tit., à la Bibl. Imp.

[2] Arch. du Bois-Robin.

[3] Il est surmonté d'un casque cerclé d'une couronne fleurdelysée de laquelle sort le cimier, une tête d'homme, de profil, avec une longue barbe et de longs cheveux tressés, et portant une couronne. Les sup-

1° Jean qui suit ;

2° Émond de BELLEVAL, écuyer, gouverneur général des finances en France et en Normandie pour le roi d'Angleterre, ainsi qualifié dans un ordre du duc de Bedford, de payer à Guillaume Balte, son serviteur. « cincquante huit sols esterlins, monoie d'Angleterre, et soixante francs, monoie françoise [1]. »

3° Rogues de BELLEVAL, écuyer, seigneur d'Esailler et de Bailleul en partie, écuyer d'écurie du roi, capitaine de Gournay-sur-Aronde et lieutenant de Beauvais. Il avait commencé par prendre le parti des Anglais ; il avait « tousjours tenu le party contraire, soustenu et favorisié nos ennemis et adversaires, (c'est le roi qui parle, dans ses lettres de rémission) soy monté et armé avecques eulx et en leur compaignie et porté guerre à nous et à nos subjectz, amys et bienveillantz et esté en plusieurs courses et destrousses sur nosdits subjectz, iceux pillez, prins et rançonnez, et fait, aidié à faire plusieurs assaulx et prises de villes chasteaulx et forteriesses à nous obeissans... » Il obtint pour ce fait des lettres de rémission, en juin 1422 [2]. Il servit depuis fidèlement son prince qui l'en récompensa par le grade de son écuyer d'écurie et par la lieutenance de Beauvais. On retrouve tous ces titres sur une quittance qu'il donna au bailli de Senlis, le 16 juin 1440 [3]. — Rogues de Belleval fut allié à Jacqueline de Gourlay, fille de Guy de Gourlay, premier écuyer tranchant du duc d'Orléans, et n'en eut pas d'enfants.

GOURLAY : d'argent, à la croix ancrée de sable.

CROQUOISON : d'argent, au franc-quartier de gueules.

4° Mahault de BELLEVAL, femme de Jean de Croquoison, chevalier. Elle était veuve et reçut pour son mari défunt, le 10 août 1425, un aveu servi par Colart Roussel, fils de Mahieu Roussel, pour trois journaux de terres situés à Huchenneville [4].

1 Orig. en parch, — Arch. du Bois-Robin.

2 Trés. des Chartes, reg, JJ, 172, pièce 88, p. 43. — Arch. de l'Empire.

3 Cab. des tit. Dossier Belleval, et Louvet, Nobil. du Beauvoisis.

4 Tit. de la famille Le Bel, copie du XVIe siècle, sur papier.

VIII. Jean de Belleval, IIIe du nom, dit *le Gascoigne*, écuyer, seigneur de Belleval, Montfarville et Thibouville. — Les terres, fiefs et manoir de Belleval, séant à Huppy, avaient été confisqués en 1384 sur le grand-père de Jean de Belleval, au profit de l'abbaye de Saint-Riquier qui les avait concédés, on ignore comment, à Jean d'Acheu, dit *Poullain*, écuyer, seigneur de Baynast, et à demoiselle Anne de Châtillon, son épouse. La seule possession qui fût dès-lors demeurée dans ce pays à Jean de Belleval était un fief sis à Baynast, près d'Huppy, et relevant de Jean d'Acheu, comme seigneur de Baynast : mais ce fief devait être de peu d'importance puisqu'il n'était estimé qu'à « seize vingt francs, seize sols parisis pour chacun franc ». — En 1416 Jean d'Acheu et sa femme, se trouvant pressés par leurs créanciers, furent forcés de vendre cette seigneurie de Belleval. Jean de Belleval s'empressa de la racheter aussitôt. Le prix d'acquisition dans lequel le petit fief situé à Baynast et revendu à Jean d'Acheu entrait pour la valeur de « seize vingt francs » était fixé à « huit cents florins de France, seize sols parisis pour chacun franc [1]. » — Jean de Belleval dut encore, en outre de quelques menues redevances, acquitter chaque année, leur vie durant, douze livres tournois de rente à madame Marie de Caumont et à Jean

[1] Le florin, nom générique pour la monnaie d'or et qui était emprunté aux Florentins, valait alors 13 fr. 25 c. de notre monnaie. Huit cents florins équivalent donc à 10,616 fr., mais en tenant compte de la valeur différente de l'argent, cette somme représente plus de 80,000 fr. de nos jours.

farville et de Thibouville, tenus directement du roi, à cause de la seigneurie et vicomté de Valognes. Mais avec Jean de Belleval changèrent les destinées de ces riches possessions. Il avait embrassé chaleureusement la cause du roi de France et combattu vaillamment dans les rangs de la chevalerie française. Son union avec Jeanne de Fricamps n'ayant en rien changé ses opinions et sa conduite, le roi d'Angleterre saisit tous ses biens et les donna à Ralph Nevill, comte de Westmoreland, capitaine des ville et château de Carentan. Nevill, lors de la reprise de la Normandie sur les Anglais, rendit les terres, mais non les « chartres, escriptures et manuels » servant aux deux seigneuries qu'il emporta avec lui en Angleterre [1]. Il est probable que Jean de Belleval dut, lors de cette confiscation, quitter la Normandie avec tous les siens. Ce dut être vers l'année 1430. Tout porte à croire qu'il chercha une retraite en Picardie, berceau de sa maison et que c'est pendant son émigration forcée que son fils, Jean, contracta une alliance avec la maison de Blondel, habituée en Artois et en Picardie, ainsi qu'on le verra à l'article suivant.

En 1450, lorsque la Normandie eut été définitivement réunie à la France, les seigneurs du Cotentin furent remis en possession de leurs terres. Jean de Belleval revint-il alors à son château de Montfarville, c'est ce que l'on ignore. Toujours est-il qu'en 1451 il n'existait plus. — De son union avec Jeanne de Fricamps, il avait eu :

1° Jean, qui suit;

[1] Voir au degré suivant.

2° N... dame de Bonvillé, alliée en 1449, à Jean de Mercastel, chevalier, seigneur dudit lieu et de Villers-Vermont, capitaine d'hommes d'armes. Une sentence de la sénéchaussée de Ponthieu, rendue la même année, établit que les époux, étant tous les deux *très nobles*, ne devaient être assujettis à aucun impôt [1].

MERCASTEL : d'argent, à trois croissants de gueules.

IX. Jean de BELLEVAL, IVe du nom, écuyer, seigneur de Belleval, Montfarville et Thibouville ; il épousa en premières noces, vers 1440, Jeanne de Blondel, fille de Jean de Blondel, chevalier, seigneur d'Erpy et du Fay, et de Catherine de Lambres, dame de Mancicourt et de Le Ghore [2]. Celle-ci mourut quelque temps après, sans enfants, et Jean se remaria, par contrat passé à Abbeville devant Raoul Malicorne, garde du scel royal, et Mahieu Gridaine et Pierre Aiguillon, auditeurs du roi, le 13 mars 1450, avec Jeanne Le Vasseur, fille de Pierre Le Vasseur, écuyer, seigneur de Sailly, et de Jeanne d'Abbeville. Cette pièce est si remarquable par les détails qu'elle contient que nous ne pouvons nous empêcher d'en citer les passages les plus curieux. Ainsi après avoir donné à son fils Jean [3], la terre

BLONDEL : de sable à la bande d'or.

LE VASSEUR : d'argent à la bande d'azur, accompagnée de 6 billettes de gueules.

[1] Dict. de la noblesse, par La Chesnaye-Desbois, t. 10, p. 55.

[2] Généal. de Blondel, par le Cher de Courcelles. — Carpentier, hist. du Cambrésis, et St.-Genois, tablettes généalogiques.

[3] On trouve un Jean de Belleval, le jeune, mentionné dans un contrat du 14 janvier 1431, entre Jeanne de Carnin et Jean de Bruille, bourgeois de Douay, comme ayant épousé *depuis peu de temps* Marguerite de Bruille, fille dudit Jean de Bruille. — Ce personnage appartient sans contredit à la maison de Belleval, peut-être même est-il le même que celui dont nous nous occupons ici et qui, dans ce cas, se serait marié trois fois. Marguerite de Bruille aurait été alors sa première femme.

et seigneurie de Montfarville ; Jean de BELLEVAL ajoute à sa dot : « les chevaulx de sa carrue telz qu'ils vallent, sad. carue avœuc les harnas et habillements ad ce servans et pertinens, deux tors, nuef vacques, cincq veaulx dun an, quatre truyes, douze pourcheaulx ; sy lui donne un complet harnois de guerre, une coste armoyée de ses armes, un grand destrier couvert d'une barde d'acier, un bacinet de fin acier, sa meilleure espée et sa dague. » Jean Le Vasseur, de son côté, donne à sa fille Jeanne « deux costes simples et une de veloux violet fourré de martres, ung mantel doublé, deux houppelandes fourrées, deux caperons, ung tissu de soye estoffé d'argent, ung lict estoffé de soye et traversain et couvertoir, vingt paires de lincheulx [1], douzes nappes doublies [2] et aultres estoremens de linge tels quil plaira à la mère de ladite Jehanne luy donner : une huche, un coffre long à imaiges entaillées, une grande chaudière, trois chaudrons, une paelle à bout, deux grils de fer, une broche de fer, ung mortier de cuivre, ung pot de cuivre, deux vacques et deux veaulx dun an, avec la some de onze vingt francs en argent [3] ».

Dès 1451 Jean de BELLEVAL avait hérité de la totalité des biens paternels : il servit en effet, le 28 février de ladite année, un aveu au roi Charles VII, pour sa seigneurie de Montfarville qu'il tenait de lui par « demy fieu de hau-

(Chir. en l'hôtel-de-ville de Douay. — D. Caffiaux, t. 3, p. 419-420, au Cabinet des titres de la Bibl. Imp).

1 Draps de lit.

2 Serviettes de table.

3 Copie du XVIIe siècle. — Arch. du Bois-Robin.

bert [1]. » Il en servit deux semblables au roi Louis XI, le 16 mars 1461 et le 9 juin 1469, et enfin un quatrième, le 12 mars 1474, au bâtard de Bourbon, amiral de France, comte de Roussillon, seigneur d'Usson et de Valognes, qui avait été apanagé par Louis XI de la seigneurie de Valognes [2]. Dans ces quatre pièces très étendues, qui n'ont pas moins chacune de douze feuilles in-folio, et que Jean signe et scelle de son « scel d'armes » en cire verte, les droits les plus vastes et les plus recherchés lui sont attribués. Il y est rapporté, entre autres choses, que, si ces aveux ne sont pas plus complets, c'est que pendant l'occupation anglaise, les terres de son père furent confisquées par Henri V et données par lui à Ralph Nevill, comte de Westmoreland, capitaine de Carentan, et que celui-ci, après la réduction définitive de la Normandie, emporta avec lui en Angleterre « les chartes, manuels et escriptures servant à ladite terre et seigneurie. »

Muni de lettres du roi Charles VII, en date du 17 juin 1457, adressées aux vicomtes de Carentan et de Valognes, Jean de Belleval obtint un mandement de ce dernier pour ajourner au prochain échiquier de Normandie Richard Guihommar, lieutenant-général du bailli du Cotentin, afin de s'entendre accuser au sujet « du gravage de la grant grève de la mer assise tant à Barefleur que à Gashenelles. »

[1] Arch. de l'Emp., sect. administ. — Registre d'aveux du Cotentin, p. 200 et suivantes.

[2] Ibidem, p. 289 et suiv. et copies des XVIe et XVIIIe siècles sur papier. — Arch. du Bois-Robin.

Ce mandement est daté du 14 septembre de la même année [1].

Le nombre des gentilshommes s'étant multiplié en Normandie d'une manière extraordinaire, le roi Louis XI commissionna, par lettres du 1er janvier 1463, Raymond Montfaut, son général des monnaies dans cette province, pour rechercher les vrais nobles et démasquer ceux qui ne l'étaient pas. Montfaut se transporta successivement dans tous les bailliages et fit comparaître tous les gentilshommes et ceux qui disaient l'être, devant lui. Il demanda une preuve de *quatre générations nobles* à ceux qui ne voulaient pas être marqués comme anoblis ou fils d'anoblis. Mais souvent il se contentait de marquer sur son registre le trisaïeul du produisant [2]. Il résulte de là que tous ceux qui sur la recherche n'étaient pas portés comme anoblis ou fils d'anoblis, avaient fait preuve de quatre degrés de noblesse, ou au moins avaient prouvé que leur trisaïeul était noble. Ceux-ci étaient donc véritablement *nobles d'ancienne extraction,* puisque la preuve ainsi faite, en 1463, faisait remonter leur noblesse bien prouvée au moins à l'année 1340.

Telles sont les conditions dans lesquelles « Jehan de BELLEVAL-MONTFARVILLE » (*sic*) fut maintenu par Montfaut parmi les gentilshommes de la sergenterie du Val de Saire [3].

1 Orig. en parch. — Arch. du Bois-Robin.

2 Recherches des nobles de Normandie, publ. par Mre Labbey de La Roque, 2me édit. 1818, pages 14-15.

3 Ibidem, p. 85.

Cette maintenue n'est pas au reste la seule preuve que l'on puisse fournir de l'ancienne noblesse de Jean de Belleval. On possède un document qui vient à l'appui de celui-ci et qui est tout aussi précieux et tout aussi authentique que lui. C'est une attestation faite vers le 25 juin 1461 [1], devant Mathieu Mannoison, garde du scel royal du bailliage d'Amiens, par laquelle il est attesté par plusieurs témoins y dénommés, sous leur serment solennel, devant Jean Canesson l'aîné et Nicolas Bonnière, manants, auditeurs du roi à Oisemont, qu'ils ont bonne connaissance de la personne de Jean de Belleval, écuyer, demeurant à Montfarville en Normandie, qu'ils savent, déposent et affirment par leur serment solennel « estre noble homme, venu et extraict de noble géneracion, tant du seigneur deffunct Jehan de Belleval, son père, en son vivant escuyer, que demoiselle Jehanne de Friquans (*sic*) qui fut sa mère, et autres ses prédécesseurs, parens et amys, ayant de grands biens, ne s'étant jamais entremis de choses desrogeantes ou portant préjudice au faict ou état de noblesse, ne furent oncques subjects, asservis ou contribuables à quelsconques aydes et subsides imposez ou

[1] Cette attestation est contenue dans un arrêt de la Cour des Comptes de Paris, du 9 avril 1568, qui maintient dans leur noblesse Mathieu, Hugues et Jean de Belleval, contradictoirement avec les habitants de Maisnières. La date de cette pièce est écrite illisiblement; cependant on peut la fixer entre 1457 et 1468, époque pendant laquelle Jean Canesson l'aîné était auditeur du roi à Oisemont. — (Mss. de l'abbé Buteux, f° 292). Le contenu de l'acte vient lui-même à l'appui de cette assertion.

mises sus aud. pays, ainçois en estoient tous et chacun d'eulx demourez francs et exempts, et ont esté et sont parents de plusieurs grands seigneurs nobles dud. pays de Vimeu, ayant iceulx de BELLEVAL serviz et eux mis sus en armées comme hommes d'armes toutes fois et quantes que le roy ou ses prédécesseurs ont faict mandement de ban et arrière-ban ou aultre assemblée..... [1] »

Jean de BELLEVAL figure, en 1463, parmi les tenanciers de la seigneurie de Maisnières-en-Vimeu qui appartenait alors à l'abbaye de Corbie [2]. — Il payait, en 1464, à l'abbaye de Saint-Riquier des cens pour les terres qu'il tenait d'elle à Huppy [3]. — Il comparut, mais on ne sait pour quel motif, devant l'échiquier de Normandie, le jeudi 13 octobre 1474 [4]. — Enfin le 20 novembre 1484, il servit au seigneur de Mareuil un aveu et dénombrement de sa seigneurie de Belleval, sise à Huppy-au-Bois et à Huppy-à-Lattre et dont plusieurs parties étaient « joignant Jehan de Haucourt [5] ». — Il possédait aussi à la même époque des terres à Courtieux [6].

De ses deux mariages Jean de BELLEVAL eut cinq fils et deux filles qui donnèrent naissance à dix-sept branches ou rameaux dont deux seulement subsistent encore :

[1] Extr. d'un arrêt confirmatif de noblesse rendu par la Cour des Comptes le 9 avril 1568. — Arch. du Bois-Robin.

[2] Mss. de D. Caffiaux, t. 4, p. 221, au Cab. des titres de la Bibl. Imp.

[3] Trés. généal. de D. Villevieille. — Bibl. Imp.

[4] Mss. du Collége héraldique.

[5] Trés. généal. de D. Villevielle. — Bibl. Imp.

[6] Anc. généal. Mss.

1° Gilles de BELLEVAL, écuyer, seigneur de Montfarville, Thibouville et Ramville, allié à Jeanne du Fou, fille de Guillaume du Fou, écuyer, seigneur de Mesnil-Auver, gouverneur de Cherbourg, et de Gilette de Guébriac. — Il reçut de son père, en sa qualité d'aîné, les terres et seigneuries énoncées ci-dessus. Il termina par une transaction, le 6 mai 1503, un procès qu'il avait avec Roland Pigace, écuyer, seigneur du Boucel [1]. — A la même époque il était en contestation, devant l'échiquier de Normandie, avec Thierry de Clamorgan, chevalier, pour le fief de Ramville [2]. Il était mort avant 1512, et sa veuve se remaria avec Guillaume Picot, écuyer, seigneur de Gobervillc. Sa succession suscita de longs procès entre les tuteurs de sa fille, entre les enfants de ses deux sœurs et sa veuve. La première des deux pièces relatives à ces procès est datée du 30 avril 1512, la seconde du 10 décembre 1516 [3]. — Gilles ne laissa qu'une fille unique :

DU FOU : d'azur à une fleur de lys d'or et deux éperviers affrontés d'argent, perchés sur les branches de la fleur de lys.

A. Jeanne de BELLEVAL qui épousa François de Crux, écuyer, et lui apporta Montfarville et Thibouville.

CRUX : d'azur à deux bandes d'or accostées de 7 coquilles d'argent, 1, 3 et 3.

2° Jean, qui suit ;

3° Mondin de BELLEVAL, auteur de la branche de Saint-Denis et de Martinvast, qui suivra ;

4° Mathieu de BELLEVAL, écuyer, allié à Antoinette Le Comte, fille de Jean Le Comte, écuyer, seigneur de Courcelles. — Il servit au comte de Nevers, à cause de sa seigneurie de Cayeu, un aveu pour un fief de dix-huit journaux de terre à Feuquières-en-Vimeu, provenant de sa femme, le 20 mars 1511. — Il signe cette pièce et la scelle du sceau de son frère, « Jennot de Bel-

LE COMTE : d'azur à trois bandes de vair.

[1] Orig. en parch. aux archives de la Manche. — Copie authentique. — Arch. du Bois-Robin.

[2] Ibidem.

[3] Orig. en parch. — Arch. du Bois-Robin.

leval, recepveur de Vismes, » en l'absence du sien [1]. — Il servit un second aveu, pour le même fief, à Louis de Clèves, seigneur de Cayeu, le 14 mai 1514 ; cette pièce est signée de sa main. et il y est mentionné qu'il emprunta pour la sceller le sceau de Nicolas de Queux [2]. — En 1548, Mathieu sert encore, pour d'autres terres, un aveu à l'abbaye de Corbie [3].

5° Émond de BELLEVAL, auteur de la branche des seigneurs de Floriville, qui suivra ;

DURESCU : d'argent fretté de gueules.

6° Etiennette de BELLEVAL, femme de Girard de Durescu, écuyer.

BASSAN : d'azur à deux tierces d'or surmontées d'un lion rampant de même.

7° Françoise de BELLEVAL, femme de Nicolas Bassan, écuyer, seigneur de Guatheville.

X. Jean de BELLEVAL, Ve du nom, écuyer, seigneur de BELLEVAL, d'Aigneville, de Morival et de la Prévosté d'Hellicourt, homme d'armes des ordonnances du roi et capitaine du château de Drugy-lès-Saint-Riquier. — On ignore la date de sa naissance. Il combattit vaillamment pour les rois Charles VIII et Louis XII dans toutes les guerres qui signalèrent leurs règnes et pour ce motif, en même temps que pour la noblesse de ses ascendants et de sa mère, reçut des lettres de confirmation de noblesse en octobre 1514. Ces lettres comprenaient également ses trois frères [4]. — Dans un contrat que Jean passe en 1516 avec sa mère « damoiselle Jehanne de Friquains (*sic*) veuve de Jehan

[1] Arch. de l'emp. — Sect. administ., carton O, 16642. — Orig. en parch. Le sceau manque.

[2] Ibidem.

[3] Mss. de D. Caffiaux, vol. 24, au Cab. des titres de la Bibl. Imp.

[4] Copies authentiques sur parch. et sur papier. — Arch. du Bois-Robin.

de BELLEVAL, en son vivant escuyer, seigneur dud. lieu et de Mourfaville en Costentin » qui habitait alors Abbeville, à propos du douaire de sa dite mère, il est dit habiter le château-fort de Drugy-lès-Saint-Riquier [1], qui appartenait aux abbés de Saint-Riquier et dont il était alors capitaine. — Le 19 août 1517 il comparaît comme archer des ordonnances du roi dans la montre de la compagnie d'Antoine de Créquy, seigneur de Pont-Remy, faite à Traversa en Ferrarais, le 19 août 1517 [2]. — En 1520 il est déclaré posséder, comme ses frères, un journal et demi de terre à Hellicourt et deux journaux de terre à Martainneville [3]. — En 1529 il contribue à la rançon du roi François 1er et on le voit figurer, dans ce but, pour cinquante sols sur la liste des possesseurs de fiefs nobles du bailliage d'Amiens [4]. — Il assista, le 18 juin 1528, en qualité de cousin et de témoin du futur, au mariage de Nicolas du Hamel, écuyer, seigneur du Mesnil-Eudin, avec Marie Sanson [5]. — Le 24 octobre 1538 il acheta à Nicolas Journe, écuyer, seigneur de Martainneville, le fief de la Prévosté d'Hellicourt. La mort de Jean de BELLEVAL dut suivre de bien près cette acquisition car, le 2 juin 1539, dans l'acte où sa femme revend, avec Jacques de BELLEVAL, son fils puîné, ce même

[1] Arrêt de la Cour des comptes de 1568, déjà cité.

[2] Tit. scell. de Clairembault, vol. 127. — Cab. des titres de la Bibl. Imp.

[3] Anc. Généal. Mss.

[4] Liste extraite de D. Grenier et publ. dans les bulletins de la Société des Antiq. de Picardie, année 1858, n° 1.

[5] Nobil. de Picardie, Généal. de du Hamel.

Le Caron : d'argent au chevron de gueules accompagné en pointe d'un trèfle de sinople.

fief de la Prévosté d'Hellicourt, elle est qualifiée veuve [1]. Elle se nommait Marguerite Le Caron. On ignore la date précise de son mariage avec Jean de Belleval, car leur contrat de mariage n'a pu être retrouvé. Depuis son veuvage elle reparaît en diverses occasions : c'est ainsi qu'on la voit, le 12 janvier 1555, donner une décharge en faveur de ses enfants, et que, le 26 janvier 1564, à propos d'une transaction avec ses enfants, on la retrouve domiciliée chez son second fils, Pierre de Belleval, à Saint-Jean-lez-Rue. Dans l'acte qui constate sa demeure, elle fait une marque, faute de savoir signer son nom [2].

De son union avec Marguerite Le Caron, Jean de Belleval eut pour enfants :

1° Paul, qui suit ;

2° Pierre de Belleval, écuyer, seigneur de Saint-Jean-lez-Rue, du Croquet (fief situé sur les paroisses d'Aigneville et de Frettemeule) et du Vart, était, en 1552, archer des ordonnances du roi sous la charge de M. de Sénarpont. Il avait alors vingt-six ans et n'était pas encore marié. Au moment où, en cette même année, il partait pour Boulogne où il allait tenir garnison, avec son neveu François de Belleval, il passa par Cayeu afin d'y visiter Jeanne de Belleval, sœur de François et par conséquent sa nièce, qui y avait épousé Philippe de Moyenneville. Après leur repas et « après avoir esté receuz et traittés comme parens et amyz » ils allèrent « par forme de récréation veoir les moessonneurs et mercennaires dud. de Moyenneville. » En s'y rendant ils rencontrèrent des gens qui coupaient frauduleusement du blé semé

[1] Anc. Généal. Mss.

[2] Anc. Généal. Mss. — Nobil. de Picardie.

par Philippe de Moyenneville. Sur le reproche qu'il leur en fit, ces gens « garnys de longues fourches ferrées et aultres bastons fort dangereux » les assaillirent, et en se défendant contre les pillards, Pierre de Belleval en tua un d'un coup du pistolet qu'il portait à sa ceinture « comme font communuément tous gens d'armes ou d'ordonnance estanz ou allanz en garnison ». Il obtint à ce sujet des lettres de grâce du roi Henri II, où sont relatés tous les détails qui précèdent, au mois de mars 1554. Ces lettres lui furent accordées « moyennant la somme de vingt sols parisis que le dit suppliant a payés comptant pour estre aulmonez aux pauvres pour prier Dieu pour l'âme du deffunct [1]. »

Ce même Pierre de BELLEVAL, Jacques, son fils, seigneur de Berville et Paul de BELLEVAL, son frère aîné, tuèrent Antoine du Tertre, écuyer, seigneur de Boursin, vers l'an 1578. Ils furent emprisonnés pour ce meurtre, mais le 26 mai 1579, on les voit payer devant François Retard, notaire à Abbeville, en forme d'amende et de composition, la somme de 1,999 livres, à François du Tertre, écuyer, fils d'Antoine [2]. — Pierre de BELLEVAL demeurait à Saint-Jean-lez-Rue en 1579. Il quitta cette résidence pour se fixer à Morival où on le trouve en 1588. — Il était en 1585 tuteur consulaire de Catherine de BELLEVAL, sa nièce, quand elle épousa le seigneur de Monthomer.

Il testa le 16 octobre 1589, par-devant Mc Jean Delcourt, notaire à Abbeville, et ordonne dans son testament qu'on l'enterre dans l'église de Visme « auprès, dit-il, de ses prédécesseurs. »

Il résulte d'une transaction passée devant Me Méquignon, notaire à Gamaches, qu'il avait épousé, par contrat du 1er décembre 1554, Hélène Doresmieulx, fille de Guillaume Doresmieulx, bailli de Waben et de Guillemette Barra. Hélène comparaît dans un « relief au profit de Pierre de BELLEVAL, écuyer, mari et bail de dame Hélène Doresmieulx, fille et héritière de

DORESMIEULX : d'or à trois têtes de Maures de sable, tortillées d'argent.

[1] Orig. en parch. — Arch. du Bois-Robin.
[2] Anc. Généal. Mss.

Guillaume Doresmieulx, du fief de Nuelmont ou Carbonnier, de vingt-huit journaux au dîmage de Gapennes, du 9 mai 1564 [1]. » Elle comparaît aussi dans d'autres actes des 27 mai 1579 et 18 juin 1597. Elle fit son testament le 25 août 1597 devant Me P. Lefebvre, notaire à Abbeville. De son mariage avec Pierre de BELLEVAL, naquirent :

A. Jacques de BELLEVAL, écuyer, seigneur de Berville, demeurant à Hocquélus d'après un acte passé le 23 mai 1579, devant Me Nicolas Dorémieulx, notaire à Abbeville. Il ne se maria pas.

B. Louise de BELLEVAL, dite héritière de son frère, dans un dénombrement de la seigneurie de Maisnières, du mois de juillet 1591 [2]. Elle avait épousé, avant 1579, Thomas Le Moisne, demeurant à Yonval.

3° Jean de BELLEVAL, auteur de la branche des seigneurs de Camps-en-Amiénois et de Castelinval, qui suivra ;

4° Raoul de BELLEVAL, écuyer, demeurant d'abord à Morival, puis, en 1549, à Hocquélus. — Il testa le 22 août 1557 devant Me Philippe Blairi, vicaire de Visme, et ordonna que sa sépulture ait lieu dans l'église de Visme. Ce testament, dans lequel il rappelle Nicolas, Pierre et Paul de Belleval, écuyers, ses frères, fut insinué le 13 février 1580, à la requête d'honorable homme François Douville, son neveu. — Raoul se trouvait au logis de François de Belleval, enseigne de 50 hommes d'armes des ordonnances du roi, sous la charge du sire de Rubempré, quand Loys Gorre, archer de ladite compagnie, vint de la part du sire de Rubempré, chercher de l'argent pour la solde. Il signa, comme témoin, le reçu que Loys Gorre donna à François de Belleval, le 31 décembre 1569 [3]. — Raoul se mésallia en épousant Périne

1 Invent. des titr de St.-Riquier, f° 455, D, P. — Arch. de la Somme.

2 Mss. de D. Caffiaux, t. 24, p. 320, au Cab. des titres de la Bibl. Imp.

3 Orig. en pap. — Arch. du Bois-Robin.

Nicolas, sœur germaine de Guillaume Nicolas, marchand à Eu, et de Colette, femme de Pierre Bachelier, demeurant à Hocquélus, et d'Adrienne, veuve d'Antoine Fauvel, demeurant à Morival, ainsi que le prouve un acte passé le 16 avril 1587, devant Me Salmon Vaucquet, notaire à Oisemont, et qui a pour objet de régler la succession de Raoul à propos de laquelle ces diverses personnes avaient plaidé contre Paul de Belleval [1]. — Cette union resta stérile.

5° Jacques de BELLEVAL, prêtre, maître-ès-arts ; il testa le 27 décembre 1554 et mourut vers 1555.

6° Nicolas de BELLEVAL, auteur de la branche des seigneurs de Bonnelles et de Cauvigny, qui suivra plus loin ;

7° Jacques de BELLEVAL, auteur de la branche des seigneurs de Rouvroy, qui suivra plus loin ;

8° Marie de BELLEVAL, alliée par contrat passé le 1er décembre 1536, par devant Mes Jean-Pierre Poirion et Adrien Le Devin, auditeurs du roi à Abbeville, à Louis de Bernard, écuyer, seigneur de Campsart, archer des gardes du corps du roi, fils aîné d'Antoine de Bernard, écuyer, seigneur de Basinval et de Jeanne du Moulin [2].

BERNARD : de gueules au sautoir d'argent accompagné en chef d'une molette de même.

9° Michelle de BELLEVAL ; elle donne une procuration le 14 avril 1561, devant Me Honoré Le Blond, notaire à Vieulaines, en 1579 ; et on la voit encore fixée à Vieulaines le 14 avril 1584. — Elle épousa en premières noces Pierre Haudicquier, et en secondes noces, par contrat de décembre 1546, Jean Douville, sieur de Quinquempoix-lès-Pont-de-Remy, veuf de Colaye de Buigny, et fils de David Douville, lieutenant, puis receveur de la seigneurie de Pont-Remy et de Jeanne d'Aboval [3]. — Elle donna en 1559,

DOUVILLE : écartelé, au 1er et 4e de gueules à la tour d'argent, au 2e et 3e d'azur à trois étoiles d'or.

[1] Anc. Généal. Mss.

[2] Deux copies du XVIe siècle sur papier. — Arch. du Bois-Robin.

[3] Anc. Généal. Mss.

avec son mari, à l'église de Pont-Remy, un très beau vitrail, représentant l'histoire de la chaste Suzanne, qui y existe encore.

LATTRE : d'or à trois écussons d'azur, au franc-quartier de gueules chargé d'une molette d'éperon d'or.

10° N... de BELLEVAL, femme de N... de Lattre, écuyer, dont N... de Lattre marié à Catherine de Bacq.

XI. Paul de BELLEVAL, 1er du nom, écuyer, seigneur de Belleval et de Morival. On ignore l'époque de la naissance de Paul. Il comparut dans un grand nombre de contrats d'acquisition et de vente presque toujours avec son fils Paul II, dont l'article va suivre. Mais la plupart de ces actes ont trop peu d'importance pour être énumérés ici ; il suffira d'en indiquer quelques-uns. — Il servit en 1545 un aveu à l'abbaye de Corbie pour du bien qu'il avait à Mainières [1]. Il en servit un autre, le 7 septembre 1573, pour trente journaux de terre qu'il avait à Fontenelles, terroir de Hocquélus [2].

En compagnie de son frère, Pierre de BELLEVAL, et de son neveu, Jacques de BELLEVAL, seigneur de Berville, il tua Antoine du Tertre, écuyer, seigneur de Boursin ; arrêtés et jetés en prison pour ce fait, ils ne recouvrèrent tous trois leur liberté qu'en payant, le 26 mai 1579, une amende de 1999 livres au fils de leur victime.

Il demeurait à Hocquélus, paroisse d'Aigneville, en 1585, quand il comparut au mariage de Catherine de BELLEVAL, sa nièce.

Paul épousa, par contrat passé le 21 mars 1549, devant

1 Mss. de D. Caffiaux, t. 24, p. 272. — Cab. des tit. de la Bibl. Imp.

2 Orig. en parch. — Arch. du Bois-Robin.

Mes Jean Prevost et Gilles Gaillehache, notaires à Monchy, Françoise du Moulin, fille mineure de feu Jean du Moulin [1], écuyer, seigneur du Festel, et de Catherine de Begny. De ce mariage naquirent :

Moulin : de gueules à la croix d'hermines cantonnée de quatre anilles d'or.

1° Jacques de Belleval, écuyer, vivant encore en 1579, et mort à marier ;

2° Paul, qui va suivre ;

3° Charles de Belleval, écuyer, allié vers 1565, à Jeanne Quiéret, fille de Jean Quiéret, écuyer, seigneur du Quesnoy, et de Françoise de Mailloc [2].

Quiéret : d'hermines à trois fleurs de lys au pied nourri de gueules.

4° Françoise de Belleval : on croit qu'elle épousa Jacques de Cabon, vivant à Courcelles près Vismes en 1589 et à Aigneville en 1593.

5° Pétronille de Belleval, femme d'Adrien Le Vasseur, en 1570.

XII. Paul de Belleval, IIe du nom, écuyer, seigneur de Belleval et de La Neufville ; il demeurait à Hocquélus quand il se maria en 1606. — Il obtint, le 22 septembre 1609, une sentence de relief pour un bien situé à Hocquélus, et qui provenait de l'héritage de sa mère. — Par acte du 12 janvier 1620 il fit une donation à ses enfants.

Paul II assistait un jour à Gamaches, avec M. de Rouault, marquis de Gamaches, à la procession de la Fête-Dieu qui eut lieu le jeudi 18 juin 1620. Là, on ne sait à quel sujet, il se prit de querelle avec Nicolas Danzel, écuyer, seigneur de Beaulieu ; un duel s'ensuivit immédiatement,

[1] Orig. en parch. — Arch. du Bois-Robin.

[2] Généal. de Quiéret.

et Nicolas Danzel y fut tué par Paul de BELLEVAL. Paul était mort avant 1632, car à cette date sa veuve et celle de Nicolas Danzel transigèrent au sujet de cet événement, et c'est dans la transaction passée entre elles que l'on trouve tous les faits précédents [1].

HAMEL : d'azur à la bande d'or chargée de trois roses de gueules.

Paul avait épousé, par contrat du 24 janvier 1606, passé devant Me Jean Pappin, notaire à Abbeville, Barbe du Hamel, fille de feu Antoine du Hamel, écuyer, seigneur de Marcheville, et de Louise de Lamiré de Nouvion [2]. Il est assisté, dans l'acte, de Philippe de Bernard, écuyer, seigneur de Basinval, lieutenant-général en la sénéchaussée de Ponthieu, son cousin; Barbe du Hamel est également assistée, outre son père et sa mère, de Oudart du Hamel, écuyer, seigneur de Marcheville, lieutenant au régiment de Picardie, son frère; de Louis de Saint-Souplix, écuyer, seigneur de Beaulieu, Wanel et Sorel, son beau-frère, demeurant à Abbeville, sur la paroisse de Saint-Gilles, et d'André de Lamiré, écuyer, seigneur de Nouvion et de Bachimont, son cousin-germain, demeurant à Nouvion.

La dame veuve de BELLEVAL habitait encore à Abbeville, en 1644, près de l'église de Saint-Wlfran-en-Chaussée. — De son mariage avec Paul de BELLEVAL étaient issus six enfants, savoir :

1° François, qui suit;

2° Charles de BELLEVAL, auteur de la branche des seigneurs d'Aigneville, de Biencourt et de Saint-Valery, qui suivra à son rang.

[1] Anc. Généal. Mss.

[2] Grosse Orig. sur parch. — Arch. du Bois-Robin

3° André de BELLEVAL, écuyer. — Il est mentionné dans la donation faite par son père en 1620. C'est tout ce qu'on sait de lui.

4° Antoinette de BELLEVAL, alliée par contrat du 2 août 1644, passé devant Me Jean Pappin, notaire à Abbeville, à Claude de Lamiré, chevalier, seigneur de Nouvion, fils unique de feu André de Lamiré, chevalier, seigneur de Nouvion et de Catherine Langlois de Beauport [1]. Il mourut ruiné, en 1673, et fut le dernier (il n'avait pas eu d'enfants) de la branche aînée de sa maison. — On retrouve sa veuve demeurant à Abbeville, près de l'église de Saint-Nicolas, en 1677.

LAMIRÉ : d'argent à la bande de sable accompagnée de six billettes de même.

5° Gabrielle de BELLEVAL, morte avant le 27 juin 1642. Elle est rappelée dans un partage fait entre ses frères François et Charles, le 13 décembre 1644.

6° Louise de BELLEVAL, mentionnée dans le même acte avec sa sœur : elle épousa François-Claude de Bourbon-Vendôme, chevalier, seigneur de Lévigny, major de Doullens, fils de Jacques de Bourbon-Vendôme, seigneur de Ligny et de Courcelles, et de Louise de Gouy. — François-Claude mourut sans enfants en 1658.

BOURBON-VENDÔME : d'azur à trois fleurs de lys d'or, à la bande de gueules chargée de trois lions rampants d'argent, brisé en barre d'un filet d'argent.

XIII. François de BELLEVAL, 1er du nom, chevalier, seigneur de Belleval et du Bois-Robin, seigneur et baron de La Neufville, co-seigneur de la ville d'Aumale.

François de BELLEVAL naquit vers l'an 1607 ; il habita Hocquélus jusqu'en 1638. — Il servit le 10 novembre 1628 un aveu à Gédéon d'Acheu, écuyer, seigneur du Plouy, pour un fief à Morival, le 10 novembre 1628. Dans cette pièce il est qualifié baron de La Neufville [2]. — Il épousa, par contrat passé le 18 janvier 1638 par-devant Me Charles

[1] Anc. Généal. Mss.

[2] Orig. en parch. — Arch. du Bois-Robin.

LA RUE : d'argent à trois fasces de gueules.

Semichon, tabellion à Aumale, Géneviève de La Rue, dame du Bois-Robin, alors âgée de vingt-quatre ans, fille de Nicolas de La Rue, écuyer, seigneur du Bois-Robin, et de Marie de Barbin. François était assisté de Charles de BELLEVAL, écuyer, seigneur de Rouveroy; de Joachim du Hamel, écuyer, seigneur de Canchy; et d'Antoine de Saint-Souplix, écuyer, seigneur de Sorel, ses parents; la future était assistée de Nicolas d'Andonne, écuyer, seigneur de Saint-Martin, son beau-frère [1].

Géneviève de La Rue était parente de François de BELLEVAL, mais on ignore de quelle manière. Le fait est toutefois certain et constaté par une dispense pour le mariage accordée par le pape Urbain VIII et datée de Rome, l'an quinzième de son pontificat, c'est-à-dire en 1637. La dispense dit que François de BELLEVAL, appartenant au diocèse d'Amiens, et Géneviève de La Rue, appartenant à celui de Rouen, sont parents aux troisième et quatrième degré : *tertio et quarto consanguinitatis gradibus* [2].

Cette union apporta dans la maison de BELLEVAL la seigneurie du Bois-Robin qui resta à partir de ce moment et est encore aujourd'hui la propriété de la branche aînée. Géneviève de La Rue la tenait elle-même de sa mère, Marie de Barbin, dans la famille de laquelle elle était depuis 1490, époque à laquelle Jean de Barbin, écuyer, l'avait achetée à Jean de La Barre, écuyer, qui lui-même l'avait acquise de Guillaume de Harcourt, comte de Tan-

[1] Expédit. sur parch. — Arch. du Bois-Robin.

[2] Orig. en parch. — Arch. du Bois-Robin.

carville, lequel s'intitulait encore en 1472 seigneur du Bois-Robin.

La seigneurie du Bois-Robin consistait en un fief noble de haubert, « auquel il y a manoir seigneurial, logé et edifflé de maison manable et autres ediffices, domaine fieffé et non fieffé, rentes et deniers, grains, chapons, droits de champart, de juridiction basse, de tenir tor, ver, colombier à pied et droit de garenne dans les bois du dit Bois-Robin, aydes, reliefs, treizièmes, amendes, forfaictures, confiscations et tous autres droits tels qu'à fief noble appartiennent [1]. »

Cet apport important conférait à François de BELLEVAL le titre de co-seigneur de la ville d'Aumale, dans la paroisse de laquelle le Bois-Robin est situé, à cause du nombre de rentes seigneuriales possédées dans Aumale par les seigneurs du Bois-Robin, et de plus le droit d'occuper la première place au chœur de l'église paroissiale de Saint-Pierre et Saint-Paul d'Aumale, d'y aller à l'offrande le premier et de précéder en assistant aux cérémonies et processions tous les officiers du duc d'Aumale, quels qu'ils fussent. Dans toutes ces occasions donc, le seigneur du Bois-Robin marchait partout immédiatement après le duc d'Aumale, et il occupait dans l'église la première place du côté de l'Évangile, en face de celle du duc qui occupait la première du côté de l'épitre [2].

Le 13 décembre 1644 François et son frère Charles de

[1] Voir l'aveu cité plus loin et auquel on a emprunté ce passage.

[2] Voir pour ces détails, au XVIe degré suivant.

Belleval, chevalier, seigneur de La Neufville, se partagèrent la succession de leur père [1].

François de Belleval servit un aveu et dénombrement de sa terre du Bois-Robin à Charles-Amédée de Savoie, duc de Génevois, de Nemours et d'Aumale, le 27 novembre 1646 [2].

François de Belleval s'étant battu en duel, contrairement aux édits dont la rigueur était alors excessive, prit la fuite pour se soustraire au sort qui le menaçait. Il fut jugé et condamné par contumace à avoir la tête tranchée en effigie, et tous ses biens, très considérables, puisqu'ils se montaient à plus de 25,000 livres de revenu, furent confisqués. Sa femme se retira au couvent de Notre-Dame-de-Bon-Secours à Paris, où la visitèrent souvent deux jeunes gens appartenant « à une des premières familles de Hollande, » MM. de Villiers, qui étaient reçus à Paris « dans le meilleur monde [3]. » Le journal très précieux pour l'histoire, du voyage que ces jeunes touristes firent à Paris, en 1657 et 1658, a été récemment publié (par M. P. Faugère) d'après le manuscrit original et inédit conservé à la bibliothèque de La Haye. Nous allons en extraire les passages qui concernent madame de Belleval, et dans lesquels sont contenus les détails qui précèdent, en faisant remarquer le titre qu'ils lui donnent et qui prouve qu'en 1657, et même auparavant, François de Belleval était qualifié marquis de Belleval.

1 Orig. sur pap. — Arch. du Bois-Robin.

2 Ibidem sur parch.

3 Introduction de l'ouvrage qui va être cité plus bas.

« Le 23 (octobre 1657)..... nous fusmes voir madame la marquise de Belleval. Elle s'est retirée en un couvent nommé Nostre-Dame-de-Bon-Secours, parce qu'elle est très mal avec madame sa mère et avec son mari, à qui on a tranché la teste en effigie pour s'estre battu en duel, et dont on a confisqué son bien qui valoit plus de 25,000 livres de rente. Nous lui parlâmes au travers des grilles car, bien qu'elle ne soit pas religieuse, parce qu'elle est dans un couvent elle est obligée de faire comme les autres. C'est une des plus belles et spirituelles femmes qui soient à Paris, outre qu'elle est de très bonne maison. Nous y demeurasmes le reste de la journée jusques à ce qu'une religieuse luy vint dire de la part de l'abbesse qu'elle se devoit retirer. »

« Le 26 (octobre 1657) après avoir fait nos lettres de bonne heure, nous allasmes voir madame de Belleval. Il y avait deux ou trois jours que nous luy avions promis de la venir prendre pour la pourmenade. Mais son abbesse ne luy avoit pas voulu donner la permission de sortir : si bien que nous fusmes obligés de passer avec elle l'après disnée au parloir. Elle nous pria fort de nous enquérir s'il n'y aurait pas quelque dame de condition et de bonne réputation qui la voulust prendre en pension chez elle, parce que outre que ce couvent est trop esloigné de son homme d'affaires, elle a trop de peine à obtenir la permission de sortir, ce qui nuit souvent à ses affaires, car elle demande par provision qu'on luy assigne deux mille livres de pension sur le bien de son mari, en attendant que, nonobstant la confiscation on la laisse jouir de tout son bien »

« De là (2 novembre 1657) nous allasmes voir madame de BELLEVAL où, après avoir demeuré jusques à la brune nous nous retirasmes de peur d'estre volés, d'autant qu'elle demeure dans un lieu fort écarté où logent d'ordinaire les filoux. »

« Le 27 (novembre 1657) nous fusmes rendre visite à madame de BELLEVAL qui nous demanda des nouvelles du monde et ce qu'on y faisoit. Elle est dans un couvent si reculé et où l'on voit si peu de personnes qu'elle est très aise d'en apprendre quelque chose dès qu'elle reçoit des visites de ceux qui savent ce qui s'y passe. Nous voulusmes d'abord luy conter l'histoire de mademoiselle de Caravas........[1] »

François de BELLEVAL était mort avant 1662.

De son mariage avec Géneviève de La Rue il laissait deux fils et une fille, savoir :

1° François, qui suit;

LE VASSEUR : de sable à la fasce d'argent accompagnée en chef d'un lion naissant, et en pointe de trois croissants, le tout d'argent.

2° Charles de BELLEVAL, chevalier, *dit* le chevalier de Bois-Robin, baron et seigneur de la Neufville, né vers 1640. Il se maria deux fois : 1° par contrat passé devant Me François Creton, notaire à Gamaches, le 8 février 1680, avec Marguerite Le Vasseur, fille de feu François Le Vasseur, écuyer, seigneur de Neuilly-le-Dien et de Marie Danzel. Comparurent au contrat, pour le futur, Antoine de BELLEVAL, écuyer, seigneur d'Hazarville, demeurant à Floriville, son cousin; et pour la future : Pierre Le Vasseur, écuyer, seigneur de Neuilly, demeurant à Hocquélus, son frère; Nicolas

[1] Journal d'un Voyage à Paris en 1657-1658, publié par P. Faugère. — Paris, 1862. — Pages 301, 305, 311 et 344.

Le Vasseur, ecuyer, demeurant à Courtieux, son oncle; Charles Danzel, écuyer, seigneur d'Aucourt, demeurant à Saint-Valery, Louis Danzel, écuyer, seigneur d'Occoche, demeurant à Hocquélus, ses oncles; et Jacques Le Vasseur, écuyer, seigneur d'Applaincourt, son cousin [1]. — Marguerite était, par sa mère, l'arrière-petite-fille du Danzel, seigneur de Beaulieu, que l'aïeul paternel de son mari avait tué en duel soixante ans auparavant.

Charles de BELLEVAL épousa en secondes noces, par contrat passé par-devant Me Robert de Lengaigne, notaire à Abbeville, le 23 mai 1696, Marie Délegorgue, fille de noble homme Philippe Délegorgue, sieur de Saint-Eloi, capitaine au régiment de Bourgogne, et de Marguerite de Lengaigne. Le futur était assisté d'Antoine Danzel, chevalier, seigneur de Beaulieu, son cousin, et la future, de Marie de Lallemand, veuve d'honorable homme Jacques Délegorgue, docteur en médecine [2]. — La célébration de ce mariage eut lieu le 25 mai, dans l'église de Saint-Jacques d'Abbeville.

DÉLEGORGUE : d'or à trois merlettes de sable.

Charles de BELLEVAL mourut à Hocquélus, postérieurement à 1708, sans laisser d'enfants.

3° Géneviève de BELLEVAL : elle passa une transaction avec ses deux frères, le 12 juin 1662. Dix ans plus tard, le 18 octobre 1672, elle épousa par contrat passé devant Me Nicolas Semichon, notaire à Aumale, Charles de l'Espinay, écuyer, seigneur de Baleu, fils de Charles de l'Espinay, écuyer, seigneur de Baleu, et d'Antoinette d'Anglos [3]. — On ignore s'ils eurent des enfants.

L'ESPINAY : d'argent à trois losanges de gueules.

4° Marie de BELLEVAL, alliée vers 1675 à Louis de Saint-Souplis, chevalier, seigneur de Neufville, fils de Antoine de Saint-Souplis, chevalier, seigneur de Sorel, Wauel, Dreuil, vicomte de Béhencourt, et de Marie de Warluzel.

SAINT-SOUPLIS : d'or à trois fasces de gueules surmontées en chef d'une coquille d'azur.

[1] Orig. sur parch. — Arch. du Bois-Robin.

[2] Ibidem.

[3] Ibidem

XIV. François de BELLEVAL, IIe du nom, chevalier, seigneur de Belleval, du Bois-Robin et de la Neufville et co-seigneur de la ville d'Aumale.

François naquit en 1639 et se maria trois fois. — Il épousa d'abord, par contrat daté du 19 février 1662 et passé devant Me Charles Semichon, notaire à Aumale, Marie de Caullières, fille de Charles de Caullières, seigneur de Beaufresne, et de Marie de Runes : les parties assistées de Charles de BELLEVAL, écuyer, seigneur d'Angerville, et de Jean de Caullières, chevalier, seigneur de Beaufresne, et Louis de Caullières, seigneur de la Neuville [1]. — François épousa en secondes noces, par contrat du 23 juillet 1667, passé devant Me Duponchel, notaire à Neufchâtel, Marguerite Gallye, veuve de Jean de Neuville, chevalier, seigneur et baron de Touffreville, et fille de Pierre Gallye, écuyer, seigneur de Bray, et d'Esther de Marcillac [2]. — En troisièmes noces il prend pour femme Marie-Anne de la Rue qui devait être sa parente puisque sa mère, à lui, appartenait à la même maison. Mais on n'a aucune certitude à cet égard, puisque le contrat de mariage n'a pu être retrouvé.

CAULLIÈRES : d'argent à la bande de gueules accompagnée de six merlettes de sable.

GALLYE : de sable à la galère équipée d'or.

François et Charles de BELLEVAL, seigneur de la Neufville, son frère, furent maintenus dans leur noblesse par un arrêt du Conseil d'Etat du 20 avril 1671 [3] ; le 10 juillet 1697, M. de La Bourdonnaye, commissaire du roi dans la généralité de Rouen, les déchargea des sommes auxquelles

[1] Minute sur pap. et expédit. sur parch. — Arch. du Bois-Robin.

[2] Ibidem.

[3] Orig. sur parch. et copie sur pap. — Arch. du Bois-Robin.

étaient taxés les usurpateurs de noblesse ; on le voit par un arrêt en date de ce jour [1].

François de BELLEVAL « bailla » et présenta le dénombrement de sa terre et seigneurie du Bois-Robin à madame Royale, Marie-Jeanne-Baptiste de Savoie, duchesse de Savoie, princesse de Piémont, reine de Chypre et duchesse d'Aumale, le 15 octobre 1681 [2].

Le 22 juin 1716, François et Marie-Anne de La Rue, sa femme, rétablirent la chapelle « estant en la maison seigneurialle du Bois-Robin, destruite depuis quelque temps et en laquelle on célébrait anciennement la messe pour la comodité des seigneurs du Bois-Robin. » Ils constituèrent en même temps une rente annuelle de cinquante livres pour l'entretien de la dite chapelle et pour solder les honoraires des messes à dire chaque dimanche et fêtes pour eux et le repos de l'âme de leurs ancêtres [3]. — Ce rétablissement de la chapelle seigneuriale fut approuvé par Claude d'Aubigné, archevêque de Rouen, le 9 novembre 1716 [4].

François de BELLEVAL n'eut d'enfants que de son second lit, savoir :

1° François-Hector, qui suit ;

2° Marie de BELLEVAL, alliée par contrat du 27 juin 1694, passé devant Me François Dauvergne, notaire à Aumale, avec Jean Le Cauchois, écuyer, seigneur de Blangiel, Candor, Le Plouy et LE CAUCHOIS :

[1] Orig. sur pap. — Arch. du Bois-Robin.
[2] Ibidem en parch.
[3] Ibidem.
[4] Ibidem en pap.

Lestoquet, fils de Louis Le Cauchois, écuyer, et de Marie de Sailly : elle était assistée de Charles de BELLEVAL, chevalier, seigneur de la Neufville, de Guillaume de Marcillac, chevalier, seigneur de la Frainais, son cousin issu de germain, de Nicolas de Roumare, chevalier, seigneur du Tot [1]. — Elle se remaria et épousa en secondes noces François de Saint-Ouen, chevalier, seigneur de Rumesnil;

SAINT-OUEN : d'azur au sautoir d'argent cantonné de quatre aiglettes de même.

4° et 5° Deux autres filles dont le nom n'est pas connu.

XV. François-Hector de BELLEVAL, chevalier, seigneur de Belleval, du Bois-Robin, de la Neufville et d'Aigneville.

Il naquit vers 1669. Il épousa, par contrat en date du 7 mai 1708, passé devant Me François Dauvergne, notaire à Aumale, Marguerite de Cacqueray, fille de Charles de Cacqueray, chevalier, seigneur et vicomte d'Elcourt et de Saint-Quentin, et de Catherine-Angélique de Monsures : présence de, du côté du futur, Charles de BELLEVAL, chevalier, seigneur de La Neufville, son oncle, et d'Antoine Danzel, écuyer, seigneur de Beaulieu, son cousin paternel : du côté de la future, de Léonor-Chrétien de Monsures, chevalier, seigneur de Graval, etc..., oncle maternel, de Charles de Monsures, chevalier, seigneur de Mortemer et de Louis-Alexandre de Monsures, chevalier, seigneur de Fayelle, tous deux grands-oncles maternels, de Françoise de Mareilleul, grande-tante, de Pierre de Belleville, chevalier, seigneur de Gueudeville, et d'Elizabeth Morant, son épouse, cousins paternels, de Charles de Virgille, curé de

CACQUERAY : d'or à trois roses de gueules.

[1] Expédit. en parch. Arch. du Bois-Robin.

Marques, cousin maternel, de Nicolas de Cacqueray, chevalier, frère de la future [1]. — La célébration religieuse de ce mariage eut lieu, le 4 juin suivant, à la paroisse de Saint-Aubin de Marcq [2].

François-Hector n'habita pas ou presque pas le château du Bois-Robin où vivaient son père et sa belle-mère; il s'était fixé à Aigneville où il mourut le 22 février 1714. De son union avec Marguerite de Cacqueray sortirent trois fils et une fille :

1° Léonor-Chrétien-René, qui suit.

2° Pierre de BELLEVAL, chevalier, dit le chevalier de BELLEVAL, né vers 1713. Il entra en qualité de page chez le duc de Gesvres, gouverneur de Paris, en 1727 et y resta jusqu'en 1733, époque à laquelle il acheta moyennant mille écus la lieutenance de la compagnie de Puyloubier, dans le régiment de dragons de Vitry [3]. Le brevet qui lui confère ce grade est daté du 23 juin 1733 [4]. — Par brevet en date du 1er janvier 1743, il fut nommé capitaine d'une compagnie de chevau-légers au régiment de Fiennes [5]. Il ne se maria pas et fut tué le 11 mai 1745, à la bataille de Fontenoy.

3° Catherine-Angélique de BELLEVAL, mariée par contrat du 22 avril 1730, passé devant Me François Locquet, tabellion à Lignières-Châtelain, à Charles-Amédée des Essars, chevalier,

ESSARS : de gueules à trois croissants d'or.

[1] Expédit. orig. sur parch. — Arch. du Bois-Robin.

[2] Attest. sur pap. — Arch. du Bois-Robin.

[3] Liasse de 4 lettres autographes du duc de Gesvres, constatant tous ces faits. — Arch. du Bois-Robin.

[4] Orig. en parch. signé : *Louis* et contresigné : Phelyppeaux. — Arch. du Bois-Robin.

[5] Orig. sur pap. signé : *Louis*. — Arch. du Bois-Robin.

comte et seigneur d'Ambricourt, de Ménillet, Bourainville, Fresnoy-en-Campagne, la Londe et Fouilloy, fils de Louis des Essars, chevalier, seigneur de Brimeu, et de Catherine-Louise-Alexandrine des Essars, dame de Lignières-Châtelain [1].

XVI. Léonor-Chrétien-René de BELLEVAL, chevalier, marquis de Bois-Robin, seigneur de Belleval, de Bois-Robin, Digeon, Duranval, Catigny et Montval, mousquetaire de la garde du roi.

Il naquit vers 1710. — On a vu plus haut, au degré XIII, la nature et l'étendue des droits honorifiques à Aumale, conférés à la maison de Belleval par la possession de la seigneurie du Bois-Robin. On les contesta à Léonor-Chrétien-René pendant que, mineur et orphelin, il était sous la tutelle de sa mère ; une enquête fut ouverte, et le résultat en ayant été de démontrer que ses ancêtres avaient joui de temps immémorial de ces droits honorifiques, gain de cause lui fut donné par une ordonnance du duc du Maine et d'Aumale, en 1720 [2].

Léonor-Chrétien-René fut reçu mousquetaire dans la deuxième compagnie des mousquetaires à cheval de la garde du roi le 3 mars 1731, et y servit jusqu'au 2 juillet 1738, jour où il reçut son congé définitif du marquis de Montboissier, capitaine-lieutenant de la dite compagnie [3]. — Il avait épousé quelques mois auparavant, par contrat du 3 septembre 1737, passé devant Me Machart, notaire à

[1] Expédit. sur pap. — Arch. du Bois-Robin.

[2] Orig. en pap. — Arch. du Bois-Robin.

[3] Ibidem.

Amiens, Marie-Ursule de Pingré, fille de Pierre de Pingré, écuyer, seigneur de Fricamps, et de Marie-Jeanne de Pingré de Fricamps. Le futur était assisté de Charles-Amédée des Essars, chevalier, seigneur d'Ambricourt, son beau-frère, de Nicolas de Cacqueray, chevalier, vicomte de Saint-Quentin, de Jean-Baptiste-Charles de Cacqueray, chevalier, seigneur d'Elcourt, ses oncles maternels, de Philippe de la Poterie, chevalier, seigneur de Coquerel, son oncle maternel, et de Catherine de la Poterie, sa cousine-germaine, de Nicolas d'Andanne, chevalier, seigneur de Lyncourt à cause de Madeleine de Cacqueray, sa femme, de Léonor-Chrétien-Jacques de Cacqueray, prêtre, tous cousins-germains, de Jean Scellier, curé de Quinquempoix, et de Jacques-Vincent, avocat en parlement; la future était assistée, de son côté, de Louis-François-Pierre Pingré de Fricamps, écuyer, seigneur du Viége, mousquetaire du roi, son frère, de Marie-Jeanne Pingré de Fricamps, sa sœur aînée, veuve de René de Lallier, chevalier, seigneur de Souplicourt, demeurant au château de Souplicourt, de Pantaléon Pingré de Fricamps, premier président au bureau des finances de la généralité d'Amiens, oncle maternel, de Vast-Liévin de Fay, chevalier, seigneur de La Chapelle, cousin-germain, et de Marie-Sibille de La Fontaine, son épouse [1].

PINGRÉ : d'argent au pin de sinople, surmonté d'un geai de sable.

Léonor-Chrétien-René de BELLEVAL mourut le 19 avril 1753 et fut enterré en grande pompe dans le cimetière d'Aumale. On avait fait venir de Neufchâtel, pour cette

[1] Grosse originale. — Arch. du Bois-Robin.

circonstance, deux compagnies de cavalerie [1]. — Sa mère, Marie-Marguerite de Cacqueray, avait acheté pour lui, par contrat du 19 avril 1749, à Pierre Le Vaillant, écuyer, seigneur des Coupes, les fiefs, terres et seigneuries de Digeon, Duranval et Catigny, toutes trois assises au même territoire de Digeon. Chacune des deux premières consistait en un quart de fief noble et relevait du duc d'Aumale par foi et hommage de bouche et de main. La troisième, qui était un huitième de fief de haubert, était tenue noblement des abbé, prieur et religieux de l'abbaye royale de Saint-Martin d'Auchy-lès-Aumale. Ces seigneuries donnaient à leur possesseur « droit de colombier à pied, justice et juridiction en basse-justice, rentes en argent, grains, chapons, champarts, hommes et sujets, aides, reliefs, treizièmes, amendes et forfaitures, confiscations, droit de moulin-à-vent, de tenir tor, ver, etc... [2]. »

Marie-Ursule de Pingré survécut quarante et un ans à son époux et mourut le 14 janvier 1794, à l'âge de quatre-vingt-dix ans [3]. — Elle avait la tutelle de son fils mineur à qui le duc d'Aumale et de Penthièvre fit don et remise du droit de garde-noble des fiefs du Bois-Robin et de Digeon, le 30 mai 1753 [4]. Celui-ci ayant été émancipé d'âge par sentence du bailli d'Aumale du 11 octobre 1757, Marie-Ursule lui rendit ses comptes de tutelle le 15 mars 1758,

[1] Orig. sur pap. et compte des frais de l'enterrement, sur pap. — Arch. du Bois-Robin.

[2] Orig. sur pap. — Arch. du Bois-Robin.

[3] Acte mort. sur pap. — Arch. du Bois-Robin.

[4] Orig. en parch. — Arch. du Bois-Robin.

en présence de ses curateurs, Louis-François de Saint-Ouen de Pierrecourt, chevalier, seigneur de Gourchelles, et de Pellevert, Louis-François-Pierre Pingré, chevalier, seigneur de Boves et de Bovelles, sous-brigadier des mousquetaires du roi, chevalier de Saint-Louis, et Pierre-Nicolas de Belleval, chevalier de Floriville, chevalier de Saint-Louis, et André-Claude de Normanville, chevalier, seigneur de Roupied, fondés de procuration de Pantaléon Pingré, chevalier, seigneur de Fricamps [1].

Léonor-Chrétien-René de Belleval et Marie-Ursule de Pingré n'eurent qu'un seul fils qui fut :

1° Louis-René, qui suit.

XVII. Louis-René de Belleval, chevalier, marquis de Belleval-Bois-Robin, seigneur de Belleval, de Bois-Robin, Digeon, Duranval, Catigny, Montval, Saint-Éloy, Visquemont, des Mourettes et Coquerel-sur-Bailleul, seigneur et patron honoraire d'Escles et de Frettemeule, capitaine de cavalerie, l'un des deux cents chevau-légers de la garde du roi, lieutenant des maréchaux de France pour Abbeville et le Ponthieu, chevalier de Saint-Louis.

Louis-René naquit au Bois-Robin, le 6 mars 1741 [2]. — Le 8 avril 1758 il entra en qualité de surnuméraire dans la compagnie des chevau-légers du roi et y servit en cette même qualité jusqu'au 2 septembre 1762, jour où il fut

1 Orig. de 77 feuillets in-f°. — Arch. du Bois-Robin.

2 Orig. sur pap. — Arch. du Bois-Robin.

nommé chevau-léger par M. le duc de Chaulnes, lieutenant de la compagnie [1]. Il prit part à la campagne de 1761.

Louis-René de BELLEVAL reçut du roi, le 4 juin 1775, un brevet de capitaine de cavalerie [2]. Le 23 décembre 1777 il fut nommé lieutenant des maréchaux de France pour la ville d'Abbeville et le Ponthieu [3]. Quelques années plus tard, le 11 avril 1786, il reçut la croix et le brevet de chevalier de Saint-Louis [4], et le 25 mai suivant, Monsieur de Freytag, maréchal-de-camp, commandeur de l'Ordre, l'y reçut chevalier [5].

CRIGNON : de gueules au chevron d'argent, accompagné de trois grillons de même.

Par contrat du 27 juin 1773, passé devant Me Josse Lefebvre, notaire à Abbeville, Louis-René épousa Marie-Géneviève-Charlotte-Madeleine Crignon de Beauverre, née en 1756, fille unique d'Antoine-Alexis Crignon, écuyer, seigneur de Beauverre, Visquemont et des Mourettes, conseiller secrétaire du roi, maison et couronne de France près le parlement de Besançon, ancien lieutenant au régiment de Chepy, et de Marie-Charlotte-Élisabeth de Broutelles, dame de Frettemeule et de Coquerel-sur-Bailleul. Louis-René était assisté de Louis-François-Pierre Pingré de Fricamps, chevalier de Saint-Louis, ancien officier des mousquetaires, oncle maternel, de Jean-Baptiste-Claude-Balthazard, comte de Calonne de Cocquerel, chevalier, seigneur dudit lieu, Longuet, Lignières et Marlers, lieu-

1 Orig. sur parch. — Arch. du Bois-Robin.

2 Ibidem.

3 Orig. en pap. — Arch. du Bois-Robin.

4 Ibidem.

5 Attest. orig. sur pap. — Arch. du Bois-Robin.

tenant des maréchaux de France, cousin-germain, de Charles-Gabriel, comte de Gomer, chevalier, seigneur de Quevauvillers, Bougainville et Inneville, aussi cousin-germain à cause de Marie-Josèphe Pingré, son épouse, de Pantaléon Pingré, chevalier, seigneur de Fricamps, cousin, de Jean-Charles-Baptiste-Nicolas-David de Cacqueray, chevalier, seigneur d'Elcourt et Bourbel, chevau-léger de la garde du roi, cousin, de Nicolas-Antoine de Saint-Ouen, chevalier de Saint-Louis, capitaine de dragons au régiment de Languedoc, aussi cousin : la future était assistée de Marie-Madeleine Délegorgue, sa grande-tante, de Philippe-Eustache Crignon, sieur des Mourettes, oncle maternel, de Jacques-Claude Dargnies, sieur de Fresne, avocat, conseiller du roi, assesseur en la maréchaussée de Picardie à la résidence d'Abbeville, cousin, de Jacques-Wlfran Délegorgue, sieur de Pinchefalize, avocat, cousin, de Louis Sanson, chevalier, seigneur de Frières, Monchaux et Maisnil, cousin, de François-Marie Le Blond, chevalier, seigneur du Plouy, maréchal des camps et armées du roi, cousin, et de M. Manessier de la Viéville [1].

La cérémonie du mariage fut célébrée dans la chapelle du château de Cocquerel, le 5 juillet suivant.

Parmi les terres et seigneuries que Mlle Crignon de Beauverre apporta à son mari se trouvait la seigneurie importante de Frettemeule qui était « tenue noblement en pairie et en plein hommage de bouche et de main, à cause de la terre et chatellenie de Cayeux, de Mgr Charles-

[1] Expédit. sur parch. — Arch. du Bois-Robin.

Philippe, fils de France, comte d'Artois, duc d'Angoulême et de Berry, comte de Ponthieu, seigneur-châtelain de Saint-Valery et du pays et roc de Cayeux, en 1780.

De cette même seigneurie de Frettemeule mouvaient et étaient tenus en arrière-fiefs un certain nombre de fiefs nobles, situés les uns dans la paroisse de Frettemeule, les autres en dehors. Parmi les premiers étaient le fief de Maigneville, tenu par André-Honoré, marquis de Monchy; les fiefs de la Gaillarderie et d'Herveloy, tenus par Charles Vincent, chevalier, seigneur de Mérival et Baillon, et un autre fief tenu par Antoine-Nicolas Manessier, chevalier, seigneur d'Offémont. Les fiefs mouvants de Frettemeule, situés au dehors, étaient : le fief du Croquet à Aigneville, celui de Brancourt à Lanchères, l'ancien fief de Lanchères et celui du Choffet au village et terroir de Béthencourt-Saint-Firmin, banlieue du Crotoy. — « A cause de sa seigneurie et comme patron honoraire de l'église de Frettemeule, le seigneur de Belleval avait tous les droits honorifiques et de prééminence dans ladite église : il avait l'eau bénite et l'encens le premier, était recommandé au prône, aux prières vocales des assistants, avait un banc clos et à queue dans le chœur, du côté de l'évangile..... [1] » — Louis-René de Belleval servit un aveu et dénombrement de sa seigneurie au comte d'Artois, le 14 septembre 1780, où sont relatés tous les faits qui précèdent [2].

Outre les seigneuries de Coquerel-sur-Bailleul, sur la-

[1] Hist. du Canton de Gamaches, par M. Darsy, p. 288.

[2] Orig. sur pap., chez M. de Rainvillers.

quelle était édifié un château, et celles de Visquemont et des Mourettes, Melle Crignon de Beauverre apporta encore une quantité considérable de terres et de fiefs dans les paroisses de La Broie et du Boisle, en Ponthieu. Un de ces fiefs faisait partie du fief Caron, tenu en pairie de la chatellenie de La Broie, avec droit de justice et seigneurie vicomtière, avec pouvoir de commettre un bailli et des officiers pour exercer cette justice. Quatre autres, le fief Sénéchal, le fief Bréquemoulin, le fief Corbillon et le fief de la Couture, possédaient de pareils droits seigneuriaux.

Outre les droits qui viennent d'être indiqués, Louis-René de Belleval avait encore, à cause du fief de Bréquemoulin « le droit et autorité, lui et son valet, d'aller au pastre du prieuré de Ray, le jour de Saint-Liéfart, 3me jour de juin, que le prieur dudit lieu est tenu et obligé de faire à notre dit seigneur, ses officiers et aucuns de ses hommes féodaux; comme aussi d'aller, ou procureur pour lui, à la messe ou à la procession dans l'église accompagner la Fierte [1] et dignité de ladite église, ayant une blanche verge à la main, et après la messe célébrée il peut prendre, lui ou son procureur, une poignée de chandelles d'oblation faite audit Saint-Liéfart, et lui doit, ledit prieur, à dîner pour lui, son valet ou son procureur, avec foins et avoines pour leurs chevaux, franchement et sans rien payer, le tout aux dépens dudit prieur [2] ».

Le 3 novembre 1773 Louis-René de Belleval acheta de

[1] La Châsse.

[2] Aveu orig. sur pap. servi au duc de Duras, le 30 juillet 1789. — Arch. du Bois-Robin.

messire Joseph-Basile de Brossard, écuyer, seigneur de Runeval, les terres, fiefs et seigneuries d'Ecles-Varnier et d'Ecles-Gueschard, consistant en « rentes seigneuriales, droits de champart, treizièmes et tous autres droits seigneuriaux appartenant aux dits fiefs, aux termes de la coutume de Normandie, avec maison, bâtiments, cens, herbages, terres labourables et bois taillis, le tout situé en la paroisse d'Ecles, » à la charge de relever les dites seigneuries du duc d'Aumale, d'acquitter 240 livres de rente au capital de 4,800 livres aux demoiselles de Gueschard d'Ecles, et de payer au seigneur de Brossard, vendeur, la somme de 33,200 livres [1]. — Louis-René de BELLEVAL obtint du roi Louis XVI, le 17 juin 1782, des lettres de ratification de cette vente [2].

Louis-René de BELLEVAL mourut frappé par la foudre, à Coquerel-sur-Bailleul, le 22 août 1807 [3]. Son épouse était décédée le 17 juillet 1805. Tous deux furent inhumés au cimetière de Bailleul.

De leur union naquirent trois enfants :

1° Louis, qui suit :

2° Ursule de BELLEVAL, née à Abbeville sur la paroisse de Saint-Gilles, le 11 avril 1775, et morte le 11 avril 1793, sans avoir été mariée. Elle fut enterrée dans le cimetière de Bailleul, à côté de son père et de sa mère.

3° Charlotte de BELLEVAL, mademoiselle de Coquerel. — Elle na-

[1] Orig. sur parch. — Arch. du Bois-Robin.

[2] Ibidem.

[3] Ibidem.

quit le 1er avril 1777 et épousa, par contrat du 24 août 1794, passé devant Me Devisme, notaire à Abbeville et par célébration religieuse, en date du lendemain, dans l'église de Vauchelles-les-Abbeville, Jean Tillette, chevalier, seigneur de Buigny-Saint-Maclou, capitaine de cavalerie au régiment de Bourgogne, né en 1769, fils de Pierre-Jean Tillette, écuyer, seigneur de Buigny, de Boffle, du Mège et de Morival, vicomte de Biencourt, et de Marie-Jeanne-Charlotte-Antoinette Le Blond du Plouy, dame de Valcayeux et de Monthenry [1]. — Charlotte de BELLEVAL mourut, après avoir perdu tous ses enfants, à Abbeville, le 21 janvier 1850.

TILLETTE DE BUIGNY : d'azur au chevron d'or, accompagné en chef de deux trèfles de même, et en pointe d'un lion d'argent ; au chef d'or, chargé d'un lion léopardé de sable, armé et lampassé de gueules.

XVIII. Louis de BELLEVAL, chevalier, marquis de Belleval-Bois-Robin, capitaine au régiment de Penthièvre, décoré du Lys ; — naquit à Coquerel-sur-Bailleul, le 21 octobre 1781.

Il épousa, par contrat en date du 1er juin 1812, passé devant Me Sévestre, notaire à Saint-Julien-le-Faucon, Clara Jourdain de Viette, fille de feu Jacques-André Jourdain de Viette, chevalier, seigneur et patron honoraire de Saint-Martin des Noyers et de La Barillière, capitaine de cavalerie, maréchal-des-logis du roi, et de Charlotte-Aimée Marye de Préville de la Quaize [2]. La célébration civile et religieuse de ce mariage eut lieu le juin 1812, à Falaise.

JOURDAIN DE VIETTE : de gueules au sautoir d'argent.

Madame Clara Jourdain de Viette mourut à Abbeville, le 26 février 1817. Louis de BELLEVAL mourut lui-même également à Abbeville le 7 septembre 1835. Tous deux furent inhumés au cimetière de Bailleul.

[1] Orig. sur pap. — Arch. du Bois-Robin.

[2] Ibidem.

De leur union sont issus un fils et deux filles :

1° Louis-Charles, qui suit ;

2° Marie-Charlotte-Gabrielle de BELLEVAL, née à Abbeville, le 22 février 1817, mariée en novembre 1836 à Charles-Amédée du Maisniel, chevalier, et morte à Abbeville, en mai 1851. — Elle fut enterrée au cimetière de Bailleul.

MAISNIEL : d'argent à deux fasces de gueules, chargées chacune de trois besants d'or.

3° Cécile-Louise de BELLEVAL, sœur jumelle de la précédente, mariée le 29 août 1836 à Philippe-Charles-Adolphe Briet de Rainvillers, chevalier.

BRIET : d'argent au sautoir de sable cantonné de huit papegaux de sinople, becqués et membrés de gueules.

XIX. Louis-Charles de BELLEVAL, chevalier, né à Abbeville le 16 mars 1814, épousa par contrat du 28 février 1836, et par célébration religieuse le lendemain dans l'église de Martainneville-les-Butz, Marie-Claudine-Elizabeth Vincent d'Hantecourt, fille d'Aloph-Yvonnet Vincent, chevalier, marquis d'Hantecourt, et de Marie-Aimée de Buissy de Fontaine.

VINCENT D'HANTECOURT : d'azur au chevron d'or, accompagné de trois licornes d'argent saillantes, celles du chef affrontées.

Sont issus de ce mariage :

1° Marie-René, qui suit ;

2° Marie-Antoinette de BELLEVAL, née le 9 janvier 1843, et alliée le 1er mai 1861, à Charles-Edouard Langlois, baron de Septenville.

LANGLOIS DE SEPTENVILLE : Comme ci-dessous.

XX. Marie-René de BELLEVAL, chevalier, né à Abbeville le 27 juin 1837 : il épousa, par contrat passé le 10 janvier 1859 devant Me Massion, notaire à Paris, et par célébration religieuse le 19 janvier suivant dans l'église de Saint-Louis d'Antin, à Paris, Marie-Léonie Langlois de Septenville, fille de Edouard-Léon Langlois, baron de Septenville, an-

LANGLOIS DE SEPTENVILLE : d'azur à l'aigle naissant d'or, coupé d'argent à quatre pointes de gueules.

cien maître des requêtes au Conseil d'Etat, et de Désirée Durand.

De ce mariage est issu :

1° Henri-Louis-Jean de BELLEVAL, né le 20 janvier 1860, à Paris, et baptisé le

BRANCHE

des Seigneurs d'Aigneville, Camps-en-Amiénois & Castelinval.

XI. Jean de BELLEVAL, écuyer, seigneur d'Aigneville, homme d'armes des ordonnances du roi sous la charge du maréchal du Biez, était fils de Jean, Ve du nom, et de Marguerite Le Caron. (Voir degré X de la branche aînée). — On sait qu'il a été marié deux fois, mais on ignore complètement le nom de sa première femme. La deuxième se nommait Françoise Becquet, et appartenait à une famille qui fut au XVe siècle en possession de la seigneurie du Plouy, et se disait parente de Saint-Thomas Becket, archevêque de Canterbury [1].

BECQUET : d'argent fretté d'azur.

Jean obtint, avec Jacques, Nicolas et Raoul de BELLEVAL,

[1] Anc. Généal. Mss.

ses frères, du roi François Ier alors à Hartleur, des lettres confirmatives de noblesse, datées du 12 juillet 1545 [1].

De son premier mariage, Jean eut cinq enfants :

1° Jean de BELLEVAL, écuyer, seigneur d'Aigneville et de Camps-en-Amiénois, archer des ordonnances du roi sous la charge de M. de Sénarpont. — Il était mineur en 1556, quand Jacques de BELLEVAL son tuteur, et Françoise Becquet, sa mère, eurent un différend avec l'abbé de Corbie pour les droits de relief de l'héritage de son père [2].

En 1557 il était porté sur le compte de l'extraordinaire des guerres et il figure sur la liste de l'arrière-ban d'Amiens avec sa qualité d'écuyer et de seigneur de Camps.

On ne voit point qu'il ait été marié : à sa mort la seigneurie d'Aigneville et celle de Camps passèrent à son frère Antoine.

2° Antoine, qui suit ;

3° Catherine de BELLEVAL ; elle plaida avec Antoine de BELLEVAL, son frère, se prétendant héritière des biens en roture situés en Ponthieu et de ceux de même nature situés dans le bailliage d'Amiens qu'avait délaissés son autre frère Jean. Ces biens provenaient de leur mère. Catherine avait épousé Louis de la Rue, écuyer, gouverneur et bailli de la chatellenie d'Ault.

LA RUE : d'argent à trois fasces de gueules.

4° Marguerite de BELLEVAL, vivant en 1557.

5° Louise de BELLEVAL, vivant également en 1557. Elle épousa, mais sans qu'on connaisse l'époque de ce mariage ni le lieu où il fut célébré, Charles Le Vasseur, écuyer, seigneur de Boismont, fils de Nicolas Le Vasseur, écuyer, seigneur dudit lieu, et de Nicole de Saint-Blimond.

LE VASSEUR : porte comme ci-dessus.

[1] Copie authent. du temps, sur pap. et sur parch. — Arch. du Bois-Robin.

[2] Mss. de D. Caffiaux, vol. 24, p. 270. — Bibl. Imp.

XII. Antoine de Belleval, écuyer, seigneur d'Aigneville, de Camps-en-Amiénois, d'Incourt et de Castelinval.

Antoine fut tué en duel, sans qu'on sache en quelle occasion et en quelle année. Ses enfants obtinrent à ce sujet le paiement d'une indemnité qui leur fut allouée en vertu d'un arrêt daté du mois de mai 1583 [1]. — Il avait épousé Charlotte Le Vasseur, fille de Nicolas Le Vasseur, écuyer, seigneur de Boismont, et de Nicole de Saint-Blimont, et se trouvait par conséquent le beau-frère de sa propre sœur, Louise de Belleval. — Charlotte Le Vasseur apporta à son mari la seigneurie de Castelinval et d'Incourt; après qu'il fut mort, elle se remaria avec Nicolas Le Fuzelier, écuyer, seigneur de Soutiauville à Castelinval, près de Saint-Fuscien.

Le Vasseur : Comme ci-dessus.

Charlotte testa le 18 septembre 1582 devant Mes Jean Retard et Jean de Grébaumesnil, notaires à Abbeville [2]. — Elle ordonna que sa sépulture eut lieu dans le chœur de l'église d'Aigneville.

De l'union d'Antoine de Belleval et de Charlotte Le Vasseur il ne provint que cinq filles, de sorte qu'avec lui s'éteignit cette branche de la famille :

1° Catherine de Belleval, dame d'Aigneville et de Castelinval. Elle fut marraine en 1592, de Françoise de Saint-Blimond, fille d'André, seigneur d'Ordre. — Elle épousa en premières noces par contrat du 4 novembre 1585 devant Me Jean Vaucquet, notaire à Oisemont, Antoine de Monthomer, écuyer, seigneur

Monthomer : d'azur à la fasce d'or, accompagnée de 12 besants de même, 5 en chef, et 7 en pointe, posés 4, 2 et 1.

[1] Anc. Généal. Mss.

[2] Ibidem.

d'Ecles et de Vieulaines, demeurant à Mérélessart, fils de François de Monthomer, écuyer, et d'Isabeau d'Outreleaux, dame d'Ecles. Ils testèrent mutuellement le 9 mars 1598, par-devant Me Jean Damiens, notaire à Abbeville.

Catherine épousa en secondes noces, par contrat passé le 16 janvier 1601, devant Me Robert Gaillard, notaire à Abbeville, Antoine de Bacouel, écuyer, seigneur d'Inval-les-Huchenneville, fils de feu Lancelot de Bacouel, IIe du nom, et de Claude de Rambures de Poireauville. L'époque de sa mort est inconnue.

BACOUEL : d'or à trois ancolies d'azur.

2° Claude de BELLEVAL. Elle passa une transaction avec sa sœur aînée le 15 mai 1603. Elle avait épousé avant cette époque Melchior de Damiette, écuyer, seigneur de Bonnières, fils d'Antoine de Damiette, écuyer, et de Claude du Quesnoy. — Claude mourut au mois de mars 1612.

DAMIETTE : d'argent au chevron de gueules, accompagné en pointe d'une épée de même.

3° Hyppolite de BELLEVAL, morte à marier avant le 16 octobre 1598.

4° Marie de BELLEVAL, vivant en 1582, religieuse à l'abbaye de Sainte-Austreberthe de Montreuil-sur-Mer.

5° Michelle de BELLEVAL mentionnée dans un compte-rendu du 12 juin 1586 devant Mes François Descaules et François Retard, notaires à Abbeville, ainsi que dans une ratification passée le 28 février 1587 par-devant ledit Retard.

BRANCHE

des Seigneurs de Rouvroy.

XI. Jacques de BELLEVAL, écuyer, seigneur de Rouvroy, homme d'armes des ordonnances du roi sous la charge du maréchal du Biez, était fils de Jean, Ve du nom, et de Marguerite Le Caron. (Voir degré X de la branche aînée).

On ne sait en quelle année naquit Jacques de BELLEVAL; le 12 janvier 1545, il fut confirmé dans sa noblesse en même temps que ses frères Jean, Nicolas et Raoul, par le roi François Ier. — Vers la même époque il fonda quatre obits à Aigneville. — Par lettres du mois de décembre 1550, Henri III donna à Charles, Jacques et Laurent de Camoisson, frères, et à Jacques de BELLEVAL, gentilshommes du Boulonnais, les biens de quelques rebelles dudit pays [1].

Jacques épousa, mais on ne sait pas à quelle date, car on n'a pu retrouver son contrat de mariage, Louise de Raimesnil, fille de Guillaume de Raimesnil, écuyer, seigneur de Longuemort, et de N. Mourette [2]. — Il était mort avant le 22 avril 1555, après avoir testé le 27 décembre 1554, par-devant Mes Jean Gallet et Jacques Le Roy, notaires à Abbeville [3]. RAIMESNIL :

Il laissait pour enfants :

1° François, qui suit;

2° Antoine de BELLEVAL, écuyer, auteur de la branche des seigneurs d'Angerville et d'Emonville qui sera rapportée plus loin.

3° Dom Pierre de BELLEVAL, prêtre, religieux de l'Ordre de Saint-Benoit à l'abbaye de Saint-Germer.

4° Marie de BELLEVAL. Elle épousa en premières noces Gilles de

[1] Grand Nobil. de Picardie, Généal. de Camoisson.

[2] Anc. Généal. Mss.

[3] Deux Exp. sur pap. et sur parch. — Arch. du Bois-Robin.

BELLEVAL : porte comme ci-dessus.

LATTRE : porte comme ci-dessus.

MOYENNEVILLE : d'argent à deux lions affrontés de sable, dans un trescheur fleuronné de gueules.

BELLEVAL, écuyer, demeurant au Temple (près Waben), fils de Nicolas de BELLEVAL, écuyer, et de Périne Prounier. En secondes noces elle épousa Jean de Lattre, écuyer. Elle existait encore en 1576.

5° Jeanne de BELLEVAL ; elle avait épousé avant 1552 Philippe de Moyenneville, ainsi que cela résulte des lettres de grâce accordées à son frère pour le meurtre d'un paysan à Cayeux, et qui ont été citées plus haut, au degré X de la branche aînée.

XII. François de BELLEVAL, écuyer, seigneur de Rouvroy, enseigne de 50 hommes d'armes des ordonnances du roi dans la compagnie du seigneur de Rubempré.

OUTREMPUIS : porte........

L'époque de sa naissance est inconnue. Il avait épousé, avant le 30 mai 1559, ainsi qu'il résulte d'un acte passé à cette date devant Me Jean Le Prévost[1], Françoise d'Outrempuis, fille puînée de feu Jean d'Outrempuis, écuyer, seigneur de Fresnehen, et d'Antoinette Manessier.

Son fief de Rouvroy était situé au Translay.

François fut d'abord homme d'armes des ordonnances du roi dans la compagnie de M. de Sénarpont. Il fut fait prisonnier à la bataille de Gravelinnes, en 1558, et vendit 8 journaux de terre pour payer sa rançon. — Le 30 mars 1559 il transigea à propos d'un fief sis à Parenty et acquis du sieur de Journy[2]. — Le 18 novembre 1560, il reçoit quittance du droit de relief payé par lui à cause d'un fief qui lui était échu du chef de sa femme et qui s'appelait le fief du Bouquet[3]. — Le 7 juillet 1561 il achète de Pierre Daige

[1] Orig. sur parch. — Arch. du Bois-Robin.

[2] Orig. sur pap. — Arch. du Bois-Robin.

[3] Orig. sur parch. — Arch. du Bois-Robin.

quelques terres situées à Hocquélus [1]. — Il comparut dans plusieurs actes en qualité de tuteur des enfants du seigneur de Leurien, son beau-frère, et dans nombre d'autres actes mais sans importance, c'est pourquoi on a jugé inutile de les énumérer ici. Le dossier qui le concerne ne contient pas moins de trente pièces originales, la plupart sur parchemin [2]. — Il faut pourtant citer encore une quittance qu'il donne le 26 janvier 1563, d'un trimestre de ses gages, comme enseigne de 50 hommes d'armes. — Cette pièce est scellée d'un sceau plaqué sur papier. (Voir la planche 2me, n° 5). Le 8 octobre 1567, François fit son testament par-devant Mes Jean Maillart et Jean Le Prévost, notaires à Abbeville [3]. Ce testament fut décrété, le 21 juillet 1583, devant Me Nicolas Dorémieux. François dut mourir peu de temps après avoir testé, car on retrouve à Abbeville, en 1570, sa femme mentionnée comme veuve.

De son union avec Françoise d'Outrempuis sont issus :

1° Jacques, qui suit ;

2° Jean de BELLEVAL, chevalier, baron de Longvillers, seigneur et châtelain dudit lieu, chevalier de l'Ordre du roi et gentilhomme de la chambre. Il se distingua à la reprise d'Amiens, ainsi qu'on le voit dans l'histoire des Mayeurs d'Abbeville, par le P. Ignace de Jésus-Maria, et ses services dans cette circonstance lui valurent la faveur dont le roi l'honora. — On ignore l'époque de sa naissance et celle de son mariage dont le contrat n'a pu être retrouvé. Ce mariage fut antérieur à 1591 puisqu'en

[1] Orig. sur parch. — Arch. du Bois-Robin.

[2] Aux Arch. du Bois-Robin.

[3] Orig. sur pap. — Arch. du Bois-Robin.

DE SOURHONETTE DU HALDE. porte........

1617 sa fille unique avait vingt-six ans. — Il épousa donc Diane de Sourhonette du Halde, fille unique de Pierre de Sourhonette du Halde, chevalier, seigneur d'Arminvilliers, Longvillers, Regues et Marquise, et de Sévère de Maulny : Diane était veuve de Robert de Hallwin, chevalier, seigneur de Ronssoy [1].

Jean mourut avant 1616, puisqu'à cette époque son épouse et sa fille passent des actes où il est dit défunt. Il périt à la guerre, mais on ne sait à quelle bataille. De son union avec Diane du Halde, il n'eut qu'une fille, Marie-Ghillaine de BELLEVAL, née en 1592 et encore à marier en 1617.

3º Jean-Riquier de BELLEVAL, écuyer, auteur de la branche établie en Languedoc, qui suivra plus loin.

4º Pierre de BELLEVAL, écuyer ; il alla se fixer en Languedoc, à Montpellier, et y épousa une fille de qualité dont le nom n'est pas connu. Il en eut deux filles qui moururent sans alliance, et laissa tous ses biens et ses places à Martin-Riquier de BELLEVAL, son neveu, qu'il avait appelé auprès de lui. Pierre fut justement célèbre et on retrouvera plus loin, à la branche du Languedoc, le détail de sa vie.

5º Léonard de BELLEVAL, écuyer, seigneur d'un fief situé à Folie : on ne le connaît que par le testament de son père.

6º Antoine de BELLEVAL, écuyer. Il vivait le 21 juillet 1583, lors du décret concernant le testament de son père. On ne sait rien de plus sur son compte.

7º Bernard de BELLEVAL, écuyer, est cité dans un acte du Parlement de Paris, du 5 juillet 1608, où sa mère est dite sa tutrice et ayant sa garde-noble.

8º Barbe de BELLEVAL ; elle n'est pas nommée dans le testament de son père, mais elle est connue par celui de Charles de BELLEVAL, son neveu. Elle vivait à marier en 1648 : elle était encore fille, en

[1] Dossier de 10 pièces sur pap. prouvant ces faits. — Arch. du Bois-Robin.

1668, quand elle fut marraine de Nicolas de Louvel, son petit-neveu.

XIII. Jacques de BELLEVAL, écuyer, seigneur de Rouvroy, Berville, Gourchon et du Val-Levret, gentilhomme de la maison du cardinal de Bourbon (Charles X).

Il naquit vers 1559. — Le 8 juin 1582 il servit un aveu au duc de Nivernais, à cause de sa seigneurie de Cayeux pour huit journaux de terre sis à Monchellets, qui lui venaient de l'héritage de son père [1]. — Il paya entre les mains du receveur de Maisnières, le 25 mai 1585, les droits de reliefs pour tous les immeubles à lui échus par le décès de son père [2]. — Le 21 juillet 1583, il avait consenti à la délivrance du legs universel fait par son père dans son testament du 8 octobre 1567, en faveur de Françoise d'Outrempuis, sa mère, et des legs faits à ses frères, Jean et Antoine de BELLEVAL [3]. — Il acheta, par trois actes, des 6 septembre 1584, 24 décembre 1588 et 26 octobre 1593, une certaine quantité de terres à Hocquélus, et s'en procura encore quelques-unes au même lieu, par un échange avec Paul de BELLEVAL, écuyer, seigneur de la Neufville, le 22 février 1601 [4]. — Il fut chargé par l'abbaye de Corbie, de faire en son nom, au roi, comte de Ponthieu, un relief pour la seigneurie de Maisnières, appartenant à ladite abbaye, le 22 juillet 1588 [5].

[1] Orig. en parch. chez M. Foucques d'Emonville, à Abbeville.

[2] Ibidem.

[3] Orig. sur pap. — Arch. du Bois-Robin.

[4] Orig. sur parch. — Arch. du Bois-Robin.

[5] Mss. de D. Caffiaux, t. 24, p. 271. — Cab. des titres de la Bibl. Imp.

Jacques de BELLEVAL épousa, par contrat passé devant Mes Louis Gallet et Ezéchias Boujonnier, notaires à Abbeville, Géneviève Tillette, dame de Gourchon et du Val-Levret (fief au faubourg de Saint-Gilles, à Abbeville), née en 1565, fille de Pierre Tillette, écuyer, seigneur de Mautort, et de Géneviève Gaillard, dame des Auteux [1].

TILLETTE : d'azur au chevron d'or, au chef d'or à un lion léopardé de sable, armé et lampassé de gueules.

On ignore l'époque de la mort de Jacques de BELLEVAL, mais on sait que son épouse était morte avant le 3 mai 1618. — De leur union étaient nés :

1° François de BELLEVAL, écuyer : il vivait et était l'aîné des enfants en 1599, et mourut peu après sans laisser de postérité.

2° Charles, qui suit.

3° Raphael de BELLEVAL, écuyer : il vivait en 1599, et on ne sait rien de plus sur son compte.

4° Géneviève de BELLEVAL, dame de Val-Levret. — En 1582 la dame de Mautort, son aïeule maternelle, lui lègue « un échauffoir d'argent pour pendre à la ceinture avec ses chaines dorées et ses brisbilles pour pendre au col ». — Elle épousa, par contrat passé devant Me Robert Gaillard, Oudart de Polhoy, écuyer, seigneur de Ponthoiles, fils d'Antoine de Polhoy, écuyer, et de Marie Loisel de Grandmarais [2]. — Elle mourut avant le 12 avril 1617, ainsi qu'il résulte d'une transaction qui eut lieu ce jour là devant Me Robert Gaillard, notaire à Abbeville.

POLHOY : d'or au lion de sable, armé et lampassé de gueules.

5° Marguerite de BELLEVAL, alliée par contrat du 9 mai 1622, passé devant Me Martin Caron, notaire à Amiens, à François de Louvel, écuyer, seigneur de Fresnes, Gournay et Marconnelles, fils de François de Louvel, écuyer, seigneur de Froyenne, et de Mar-

LOUVEL : d'or à trois têtes de loup de sable.

[1] Anc. Généal. Mss.

[2] Ibidem.

guerite de Saisseval, dame de Marconnelle. Il était veuf en premières noces d'Antoinette d'Ailly de Montgeron.

XIV. Charles de Belleval, chevalier, seigneur de Rouvroy et de Bayart : — il naquit en 1585 ; en 1599 il reçut un legs de son aïeule maternelle la dame de Mautort. — Le 12 janvier 1620, il sollicita de l'évêque d'Amiens, l'autorisation d'ériger dans la paroisse d'Hocquélus, où il demeurait, une chapelle particulière, et d'y faire célébrer le saint-sacrifice de la messe. Cette autorisation lui fut accordée le même jour. — Il fit construire en conséquence la chapelle que l'on voit encore aujourd'hui à Hocquélus et au-dessus de la porte de laquelle est sculpté un écusson en lozange, parti au 1er de Belleval, et au 2me du Maisniel de Longuemort, armes de sa femme.

Le 23 janvier de la même année 1620, Jacques Fouache, curé de Maisnières, Aigneville et Tilloy, donna aussi son consentement à l'édification de ladite chapelle, avec permission de la faire bénir. — Le 2 novembre 1632, Charles Ringuet, curé de Maisnières, donne à Charles de Belleval la permission de garder le saint-sacrement dans sa chapelle d'Hocquélus. — Le 2 février 1634, François Barboteau, vicaire-général de l'évêque d'Amiens, autorise Antoine Louvel, chanoine d'Amiens, à « bénir et consacrer la terre dedans la chapelle d'Hocquélus pour y enterrer les corps du seigneur de Rouvroy et de sa famille ». — Quatre jours plus tard, c'est-à-dire le 8 février 1634 Antoine Louvel atteste qu'il a procédé à cette bénédiction.

Charles de Belleval donne, le 12 novembre 1659, vingt-quatre journaux de terre en plusieurs pièces, sis au terroir de Fontenelles, et une maison et deux journaux de terre sis à Hocquélus, au profit de la chapelle et du chapelain d'Hocquélus, « à la charge du droit de patronage qu'il s'est réservé pour y pourvoir par lui et par messire Antoine Danzel, seigneur de Beaulieu, son petit-fils et héritier, et après lui, par l'aîné de la famille, comme aussi de présenter à l'évêque d'Amiens telles personnes capables qu'ils aviseront, et de jouir de tous les droits et honneurs appartenant aux patrons laiques [1]. »

DU MAISNIEL : d'argent à deux fasces de gueules chargées chacune de trois besants d'or.

Charles de BELLEVAL épousa, par contrat passé le 28 mai 1619 devant Me Jacques Méquignon, notaire à Gamaches, Claude du Maisniel de Longuemort, fille aînée d'Adrien du Maisniel, écuyer, seigneur de Longuemort, et de Jeanne de Louvel, sa première femme [2]. — Il fit son testament le 15 juin 1648 et y ajouta de nouvelles dispositions les 30 mars, 27 avril et 21 juin 1656, par-devant Me de Poilly, notaire à Gamaches.

Charles mourut vers 1663, et fut enterré au milieu de la chapelle qu'il avait fait bâtir à Hocquélus, sous une tombe en marbre noir. Sur ce marbre sont gravées les armes de Belleval, supportées par deux lions, et surmontées d'un casque de face qui a un lion naissant pour cimier. Au dessous on lit cette inscription :

[1] Inv. des tit. de l'évêché d'Amiens, aux Arch. de la Somme.

[2] Anc. Généal. Mss.

[illegible]
[illegible]
[illegible]
[illegible]
[illegible]
[illegible]
[illegible]
[illegible]
[illegible]

[illegible]
[illegible]
[illegible]
[illegible]
[illegible]
[illegible]
[illegible]

la
be
de
un
An

CY GIST LE CORPS DE CHARLES
DE BELLEVAL, ESCVIER, SIEUR
DE ROVVROY, LEQVEL TRESPASSA
LE PRIEZ DIEV
POVR SON AME.

Litho Lemer. Amiens — E Marquette, del

« *Cy gist le corps de Charles*
de Belleval, escuier, sieur
de Rouvroy, lequel trespassa
le...... Priez Dieu
Pour son ame. »

Plus bas que cette tombe, à l'entrée de la nef, on en voit une autre qui recouvre les restes de Claude du Maisniel, femme de Charles de BELLEVAL, et d'Antoine de BELLEVAL, leur fils. Elle est également en marbre noir. Dans l'angle supérieur de gauche est gravé un écusson, mi-parti des armes de Belleval et de du Maisniel-Longuemort, avec deux lions pour supports et pour cimier un casque avec ses lambrequins, surmonté d'un lion naissant. Dans l'angle supérieur de droite se trouve un écusson aux armes seules de Belleval, accompagné des mêmes attributs. Audessous sont gravés ces mots :

« *Cy gisent les corps de Claude du*
Maisniel, damoiselle du... épouse
d'Antoine de Belleval, escuier,
sieur de Rouvroy et de Baiard,
et de damoiselle... laquelle trépassa le XII de
mars 1641, *et ladite demoiselle*
du Maisniel le...
d'aoust 1652, *et ledit sieur de*
Rouvroy le 24 *mars* 1657. *Priez*
Dieu pour leurs ames. »

Ces tombes, parfaitement conservées, avec les écussons gravés au-dessus de la porte d'entrée et un fragment de vitrail où l'on remarque encore un lion, un casque avec ses lambrequins d'or et de gueules surmonté d'un lion naïssant et un coin de l'écu, sont tout ce qui rappelle le passage à Hocquélus de la famille de Belleval.

Charles de Belleval avait donc environ 78 ans quand il mourut, laissant trois enfants :

1° Antoine de Belleval, écuyer, seigneur de Rouvroy et de Bayard, encore mineur en 1650, mort à marier, le 24 mars 1657, et enterré sous la même tombe que sa mère, dans la chapelle d'Hocquélus.

2° Bonne de Belleval, née vers 1620. Elle possédait, sans qu'on sache d'où il lui vint, le fief Bayard, situé au territoire du Quesnel, en Santerre. Après la mort de son frère Antoine, elle devint dame de Rouvroy. — Elle épousa, par contrat du 27 décembre 1644 devant Me Jean Pappin, notaire à Abbeville, Jean Danzel, écuyer, seigneur de Beaulieu, fils de feu Antoine Danzel, écuyer, seigneur de Beaulieu, et de Claude de Boffle [1]. Elle mourut sans enfants après le 16 octobre 1650.

Danzel : de gueules au lion d'or.

3° Anne de Belleval, née à Abbeville le 28 mai 1626, sur la paroisse du Saint-Sépulcre. Elle était déjà morte sans doute quand son père fit son testament, car elle n'y est pas mentionnée.

[1] Généal. de Danzel.

CY GISENT LES CORPS DE CLAVDE DV
MAISNIEL DAMOISELLE DV EPOVSE
D'ANTOINE DE BELLEVAL ESCVIER SIEVR DE
ROVVROY ET DE BAIARD ET DE DAMOISELLE
LAQVELLE TRESPASSA LE XXI DE
MARS 1641 ET LADITE DEMOISELLE DV
MAISNIEL LE
D'AOVST 1652, ET LEDIT SIEVR DE ROUVROY
LE XXIV MARS 1657. PRIEZ DIEV POVR
LEVRS AMES.

Marguerie del.

BRANCHE

des Seigneurs d'Angerville, Longuemort, Rémaisnil, Senarmont, Émonville, Tœuffles & Franqueville.

XII. Antoine de BELLEVAL, écuyer, seigneur d'Angerville, de Longuemort et de Raimesnil, homme d'armes des ordonnances du roi dans la compagnie de M. Destourmel. — Il était fils de Jacques de BELLEVAL, écuyer, seigneur de Rouvroy et de Louise de Raimesnil. (Voir branche de Rouvroy, degré XI). On ignore l'époque de sa naissance. Son père lui avait laissé, par son testament de l'année 1554, le fief de Rouvroy, mais François de BELLEVAL, son frère aîné, conserva ce fief et ils transigèrent à ce sujet le 24 septembre 1567, ainsi que cela résulte du décret relatif au testament de François, en date de 1583 [1].

Antoine de BELLEVAL se maria deux fois : il épousa en première noces, Isabeau du Maisniel, fille de Jean du Maisniel, écuyer, seigneur de Longuemort, et d'Adrienne de Laire [2]. — En secondes noces il épousa par contrat passé le 24 avril 1570, devant Mes Gilles de Bours et Antoine Dutôt, notaires à Gaillefontaine, Claude de Mailly, fille d'Edme de Mailly, chevalier, seigneur de Haucourt et de Saint-Léger, et de Marie de Boullain, dame de Cocquis-les-Mons-Boubers, sa seconde femme [3].

DU MAISNIEL : Comme ci-dessus.

MAILLY : d'or à trois maillets de sinople.

[1] Anc. Généal. Mss.

[2] Ibidem.

[3] Hist. de la maison de Mailly, preuves, p. 59.

Antoine de BELLEVAL mourut en 1579, en ne laissant d'enfants que de son premier mariage :

1° Pierre, qui suit ;

SOULAS : porte........

2° Barbe de BELLEVAL, mariée, on ignore à quelle époque, à Claude de Soulas, écuyer, seigneur du Mesnil-Allart.

XIII. Pierre de BELLEVAL, chevalier, seigneur d'Angerville, Longuemort, Raimesnil et Senarmont (fief assis à Bernaville).

L'époque de sa naissance n'est pas connue. — Le 2 septembre 1579, il fit un relief devant les officiers de la seigneurie de Longuemort, en qualité d'héritier d'Antoine de BELLEVAL, son père, seigneur de ce lieu [1]. Antoine lui avait fait don de cette terre et seigneurie par acte en date du 6 avril 1579, passé devant Me Doresmieulx, notaire à Abbeville [2]. — Pierre possédait également dans le même temps la seigneurie de Senarmont, sise à Bernaville. — Il habitait le château de Longuemort.

LA HAYE-BAYNAST : d'azur fretté d'or, à l'orle de chausse-trapes d'argent.

De même que son père, Pierre de BELLEVAL se maria deux fois : en premières noces il épousa, par contrat du 2 février 1585, passé devant Me Robert Caruette et Antoine Durot, notaires à Oisemont, Françoise de la Haye, fille de Philippe de la Haye, écuyer, seigneur de Baynast, et de Barbe de Bonnelles [3]. — Il épousa en secondes noces, par

[1] Gr. nobil. de Picardie, de Villers de Rousseville, Preuves de la Généal. de Belleval.

[2] Anc. Généal. Mss.

[3] Gr. nobil. de Picardie, de Villers de Rousseville, aux Preuves de la Généal. de Belleval.

contrat passé le 16 août 1609, devant Martin Lebœuf, notaire à Guerville, Anne de Payen, veuve de Jean de BELLEVAL, écuyer, seigneur de Floriville, et fille de Jean de Payen, écuyer, seigneur de Hasardville, et de Catherine de la Bray [1].

PAYEN : d'argent à trois besants de sable, le 1er chargé d'une rose d'or.

De son premier mariage Pierre eut plusieurs enfants; il mourut vers 1610 et fut enterré dans l'église de Tours-en-Vimeu.

1° Louis de BELLEVAL, écuyer, vivant en 1608, et mort peu aprés à marier. — Il fut enterré dans l'église de Tours-en-Vimeu.

2° Antoine, qui va suivre;

3° Isabeau de BELLEVAL; on croit qu'elle épousa N. de Polhoy, écuyer, seigneur d'Offoy.

POLHOY : d'or au lion de sable.

4° Plusieurs autres enfants, qui moururent en bas âge et qui furent enterrés dans l'église de Tours-en-Vimeu. — Leur mère, Françoise de la Haye, s'y fit enterrer à leurs côtés.

De son second mariage, Pierre n'eut qu'une fille,

5° Françoise de BELLEVAL, mariée en 1642 avec Charles de BELLEVAL, chevalier, seigneur d'Aigneville, fils de Paul II de BELLEVAL, seigneur de la Neufville, et de Barbe du Hamel.

XIV. Antoine de BELLEVAL, chevalier, seigneur de Tœuffles, Angerville, Emonville, Franqueville et Senarmont.

Il naquit vers 1588, et fut maintenu dans sa noblesse avec son père, le 31 décembre 1598, par les commissaires

[1] Anc. Généal. Mss.

députés par le roi en Picardie pour le réglement des tailles et réformation des abus en matière de finance [1]. Avant la mort de son père et de son frère aîné, il fut apanagé par son père du fief de Senarmont, par acte en date du 11 mai 1609, passé devant Me Philippe Waucquart, notaire à Oisemont [2].

Comme son père et son ayeul, Antoine de BELLEVAL se maria deux fois. Il épousa d'abord par contrat du 15 février 1619, passé devant Mes Jean de Maisons et Antoine Martinot, notaires à Montdidier, Suzanne de Lignières, veuve de Jérome de Brion, écuyer, seigneur de Beaumont, et fille de Michel de Lignières, chevalier, seigneur d'Eslincourt, gentilhomme ordinaire de la chambre du duc d'Anjou [3]. — Après ce premier mariage, Antoine alla se fixer au château de Béquigny, près de Montdidier. — En secondes noces il épousa, par contrat passé le 5 mars 1630 devant Me François Pappin, notaire à Abbeville, Catherine de Monchy, fille de Charles de Monchy, chevalier, baron de Vismes, et de Marie du Caurel de Taigny [4]. Il revint alors en Vimeu, et ne quitta plus sa maison seigneuriale d'Emonville, paroisse de Chepy, où il mourut le 19 décembre 1677. Le surlendemain, 21, il fut inhumé dans un caveau sous le chœur de l'église de Tœufles, en présence

LIGNIÈRES : d'argent à la croix ancrée de gueules.

MONCHY : de gueules à trois maillets d'or.

[1] Orig. sur pap. — Arch. du Bois-Robin.

[2] Anc. Généal. Mss.

[3] Gr. nobil. de Picardie, de Villers de Rousseville, aux Preuves de la Généal. de Belleval.

[4] Ibidem.

du baron de Vismes, et de plusieurs autres gentilshommes des environs [1].

La première union d'Antoine de Belleval fut stérile, mais du second lit il eut :

1° Pierre-Antoine, qui suit;

2° Nicolas-Joachim de Belleval, chevalier, seigneur d'Emonville, auteur d'un rameau des seigneurs d'Emonville, presqu'aussitôt éteint. — Nicolas-Joachim était âgé de trente-neuf ans en 1699 et habitait Emonville, paroisse de Chepy, lors de la recherche faite par Bignon, intendant de Picardie, des usurpateurs de noblesse. Il avait épousé, par contrat du 15 juin 1668, passé devant Me Louis Pollet, notaire à Abbeville, Marguerite-Thérèse Le Roy de Valines, fille de Louis Le Roy, écuyer, seigneur de Valines et de Lignerolles, et de Françoise Fleursin [2]. Nicolas-Joachim mourut le 14 avril 1705, et fut inhumé le 15 dans le caveau sous le chœur de l'église de Tœufles [3]. Il laissa sept enfants :

Le Roy de Valines : d'azur à 3 écussons d'argent chargés chacun d'une croix patée et alaisée de gueules.

A. Louis-Joachim de Belleval, chevalier, vivant en 1708, marié le 26 janvier 1718 dans l'église de Tœufles, avec Jeanne-Françoise de Coppequesne, demoiselle de Vimont, sœur de Madeleine-Louise de Coppequesne, dont il sera parlé au degré suivant. Ils moururent sans postérité.

B. Géneviève-Elizabeth de Belleval, dame d'Emonville après la mort de son frère. Elle épousa, ainsi qu'on le verra plus

[1] Registres de l'église de Tœuffles. — Copie moderne. — Arch. du Bois-Robin.

[2] Anc. Généal. Mss.

[3] Registres de l'église de Tœufles. — Copie moderne. — Arch. du Bois-Robin.

loin, en 1730, son cousin-germain Louis-Antoine de BELLEVAL.

C. Marie-Anne de BELLEVAL, religieuse bernardine à l'abbaye de Willencourt, après 1708.

D. Françoise-Henriette de BELLEVAL, vivant en 1708.

E. Louise-Eulalie de BELLEVAL, religieuse de l'Ordre de Saint-Dominique, aux sœurs blanches d'Abbeville.

F. Marie-Madeleine de BELLEVAL, vivant en 1708.

G. Catherine de BELLEVAL, vivant aussi en 1708.

DU CASTEL : d'argent à trois chevrons d'azur et une merlette de même.

3° Françoise-Thérèse de BELLEVAL, mariée par contrat du 11 mai 1674, passé devant Me Waucquet, notaire à Oisemont, à François du Castel, écuyer, seigneur de Berlimont, demeurant à Biville, fils de François du Castel, écuyer, seigneur de Neuvilette, et de Marguerite d'Hoyer [1].

4° Françoise Judith de BELLEVAL : elle fut baptisée dans l'église de Saint-Gilles à Abbeville, le 18 juin 1653. C'est tout ce qu'on sait d'elle.

XV. Pierre Antoine de BELLEVAL, chevalier, seigneur de Tœufles, Emonville, Franqueville, Raimesnil et Angerville.

COPPEQUESNE : de gueules à trois glands d'or.

Il naquit vers 1657 et épousa par contrat en date du 7 décembre 1680, passé devant Me Leclerc, notaire en Vimeu, Madeleine-Louise de Coppequesne, fille de feu Claude de Coppequesne, chevalier, seigneur de Fressenneville, et de Charlotte Godard de Cumont [2].

Quoique son père, Antoine de BELLEVAL, eût déposé le 7

[1] Généal. de la maison du Castel, dans la Chesnaye-des-Bois.

[2] Gr. nobil. de Picardie, de Villers de Rousseville, aux Preuves de la Généal. de Belleval.

juillet 1666 au greffe de l'Intendance d'Amiens, pour satisfaire aux ordonnances, les titres de sa noblesse justifiant sa qualité de chevalier, et le blason de ses armes « de gueules à la bande d'or accompagnée de sept croisettes de même, et supports deux anges [1]. » Pierre-Antoine de Belleval fut encore obligé de renouveler la même production devant Bignon, intendant de Picardie, qui le maintint dans sa noblesse d'ancienne extraction, par arrêt du 11 avril 1699 [2].

Madeleine-Louise de Coppequesne mourut le 21 novembre 1725 à l'âge de soixante-quatorze ans, et le lendemain 22 elle fut inhumée dans le caveau sous le chœur de l'église de Tœufles [3].

Pierre-Antoine de Belleval lui survécut treize ans : il mourut lui-même le 3 février 1738 et le lendemain, 4, fut déposé à côté de sa femme dans le caveau de famille dans l'église de sa seigneurie de Tœufles [4].

De leur mariage n'était né qu'un seul fils ;

1° Louis-Antoine, qui suit.

XVI. Louis-Antoine de Belleval, chevalier, seigneur de Tœufles, Angerville, Emonville, Raimesnil, Franqueville

[1] Orig. sur pap. — Arch. du Bois-Robin.

[2] Voir gr. nobil.

[3] Registres de l'église de Tœufles. — Copie moderne. — Arch. du Bois-Robin.

[4] Ibidem.

et Senarmont, capitaine de cavalerie au régiment de Toulouse, cavalerie.

Il naquit en 1688, entra aux mousquetaires en 1705, fut nommé capitaine au régiment de Toulouse cavalerie, le 29 décembre 1706. Ayant été cassé pour absence en 1711, il fut replacé le 9 janvier 1714 et quitta le service en mars 1719. Il avait eu la moitié de la main emportée à la bataille de Malplaquet, le 11 septembre 1709 [1]. — Il épousa, par contrat du 13 juin 1730, passé devant Me Antoine Lefebvre, notaire à Abbeville, Géneviève-Elizabeth-Victoire de Belleval, dame d'Emonville, sa cousine-germaine, fille de Nicolas-Joachim de Belleval, écuyer, seigneur d'Emonville, et de Marguerite-Thérèse Le Roy de Valines [2].

Leur union fut stérile, et les deux époux vendirent de leur vivant leurs terres et seigneuries de Tœufles, Franqueville et Emonville à Pierre Foucques, sieur de Bonval et de Vironchaux, conseiller-vétéran au présidial et ancien mayeur d'Abbeville, pour en jouir seulement après leur mort [3].

1 Etats de service, aux Arch. du minist. de la guerre. — Copie moderne. — Arch. du Bois-Robin.

2 Anc. Généal. Mss.

3 M. de Belleval de Tœufles et sa femme avaient fait refondre à leurs frais et dépens les deux cloches de l'église de Tœufles, le 22 août 1738. — On en refondit deux nouvelles en 1749, et on les baptisa le 29 juin. La première fut nommée Elizabeth-Victoire, par André, marquis de Monchy, et par la dame Géneviève-Elizabeth-Victoire de Belleval de Tœufles ; la seconde et la plus petite, Pétronille-Florence, par Pierre Foucques, seigneur de Bonval, et Marie-Anne-Florence Rémy de Fermont, son épouse.

Louis-Antoine de BELLEVAL mourut le 24 décembre 1743, et le lendemain fut inhumé dans le caveau sous le chœur de l'église de Tœufles, en présence de MM. Le Roy de Dreuil, son cousin-germain, de Belloy de Rogeant, et autres. — Sa femme, Géneviève-Elizabeth-Victoire de BELLEVAL, mourut le 16 septembre 1752 et fut enterrée le lendemain, en présence de MM. Le Roy de Dreuil, de Valines, d'Hantecourt et du Maisnil, et Antoine Danzel, chevalier, seigneur de Boffle, ses cousins-germains, dans le même caveau qui contenait déjà cinq membres de sa famille. — Elle et son mari étaient les derniers de cette branche.

BRANCHE

des Seigneurs de Bonnelles & de Cauvigny.

XI. Nicolas de BELLEVAL, écuyer, seigneur de Bonnelles, homme d'armes des ordonnances du roi dans la compagnie du maréchal du Biez, était fils de Jean de BELLEVAL, Ve du nom et de Marguerite Le Caron (Voir le degré X de la branche aînée).

On ignore l'époque de sa naissance. Il servit, le 8 juillet 1548, un aveu et dénombrement à l'abbaye de Corbie pour plusieurs biens qu'il tenait de la seigneurie de Maisnières, appartenant à ladite abbaye [1]. Dans cet aveu sont mentionnés Mathieu, Jean, François et Antoine de BELLEVAL, et sire Christophe de BELLEVAL, prêtre. — En 1564, il demeurait à Aigneville et on le voit vendre, le 18 novembre 1565, quatre quartiers de terre à Nicolas Danzel, écuyer, seigneur de Boismont. — Il avait épousé, longtemps auparavant, Périne Prounier, fille de Raoul Prounier, écuyer, seigneur de Wamin, et de Marie de Bournonville [2],

PROUNIER : porte........

Nicolas de BELLEVAL mourut avant 1574, car dans un acte passé le 15 mai de cette année, sa femme est dite veuve et habitant Hocquélus. — De leur union naquirent treize enfants :

1° Jacques, qui suit ;

2° Thibaut de BELLEVAL, écuyer, seigneur de Cauvigny, mort à marier.

3° Valeran de BELLEVAL, écuyer, seigneur de Cauvigny, nommé parmi les tenanciers de la seigneurie de Maisnières, dans un dénombrement fourni à ladite seigneurie, en juillet 1591 [3]. Il ne se maria pas.

4° Christophe de BELLEVAL, prêtre.

5° Pierre de BELLEVAL, prêtre, curé de Maisnières, en 1590 [4].

6° Gilles de BELLEVAL, écuyer ; il demeurait au Temple, près Waben, en 1575, et épousa Marie de BELLEVAL, fille de Jacques, écuyer, seigneur de Rouvroy, et de Louise de Raimesnil. Il mou-

[1] Mss. de D. Caffiaux, t. 24, p. 269, au Cab. des titres de la Bibl. Imp.

[2] Anc. Généal. Mss.

[3] Mss. de D. Caffiaux, t. 24, p. 310, au Cab. des titres de la Bibl. Imp.

[4] Ibidem. — p. 271.

rut avant l'an 1626, car on voit sa veuve épouser à cette époque Jean de Lattre.

7° Madeleine de BELLEVAL. — On la voit, en 1603, épouse de Jean Hurtel, laboureur à Feuquières. Par acte en date du 24 avril 1602, passé devant Me Ezéchias Boujonnier, notaire, Madeleine de BELLEVAL et Jean Hurtel, son mari, firent don de quelques immeubles sis à Fressenneville et à Feuquières, à Jacques Hurtel et à Françoise de BELLEVAL, son épouse. Ledit Jacques était neveu de Jean Hurtel, et ladite Françoise, nièce de Madeleine, et fille, par conséquent, d'un de ses frères, mais on ne sait duquel.

8° Marie de BELLEVAL, mariée avec Gilles d'Aige, fils de Nicolas d'Aige, et d'Anne de Saint-Germain.

9° Périne, Colaye, Antoinette, Marguerite et Françoise de BELLEVAL, vivant à marier en 1574.

XII. Jacques de BELLEVAL, écuyer, seigneur de Bonnelles et de Cauvigny.

L'époque de sa naissance est inconnue. Il n'habita pas Aigneville, comme son père, mais demeura à Hocquélus. — Il se maria deux fois, 1° avec Marguerite de Mons, fille de Christophe de Mons, écuyer, seigneur de Romescamps, élu en Ponthieu. Elle mourut avant 1577, sans lui donner d'enfants, et Jacques se remaria avec Marguerite du Quesnoy, fille de Pierre du Quesnoy, écuyer, seigneur de Saucourt.

MONS : d'azur au chevron d'or, accompagné en chef de deux étoiles, et en pointe d'une rose, le tout d'or.

QUESNOY : d'or à l'aigle au vol abaissé de sable.

Jacques de BELLEVAL était mort avant 1597, puisque cette même année sa femme se remariait avec Nicolas de Ponchon, écuyer, seigneur du Maisnil.

De leur union étaient issus :

1° François, qui suit;

2° Antoinette de BELLEVAL, dame de Cauvigny. Elle épousa par contrat passé le 7 janvier 1597, devant Me Nicolas de Poilly, notaire à Gamaches, Antoine Le Vasseur, écuyer, seigneur de Neuilly-le-Dien, veuf d'Isabeau du Maisniel de Longuemort, de Jeanne Gaillard de Morival, et fils de Charles Le Vasseur, écuyer, seigneur d'Hiermont, et de Marguerite Le Brun de Longueville [1]. — Antoinette vivait veuve et sans enfants le 8 août 1630.

LE VASSEUR : Comme ci-dessus.

XIII. François de BELLEVAL, chevalier, seigneur de Bonnelles, gouverneur de Monthulin. — S'il se maria, ce que l'on ignore, il n'eut pas du moins de postérité, et fut le dernier de sa branche.

BRANCHE

des Seigneurs d'Aigneville & de Biencourt.

XIII. Charles de BELLEVAL, chevalier, seigneur d'Aigneville, de Biencourt, et du fief Berthault, était fils de Paul de BELLEVAL, IIe du nom, et de Barbe du Hamel de Marcheville. (Voir le degré XII de la branche aînée).

Il naquit vers 1610, et demeura d'abord à Morival; il se fixa ensuite à Biencourt, qu'il acheta de François de Monchy, baron de Senarpont.

[1] Anc. Généal. Mss.

Charles de BELLEVAL épousa, par contrat passé le 27 juin 1642, devant Me de Poilly, notaire à Gamaches, Françoise de BELLEVAL, fille de Pierre de BELLEVAL, écuyer, seigneur d'Angerville, et d'Anne de Payen, sa seconde femme [1]. Il avait obtenu, pour parvenir à ce mariage, une dispense de Rome, en 1642, et une autre dispense de l'official d'Amiens, donnée en conséquence de la première, le 24 octobre de la même année.

Le 13 novembre 1644 il fit avec son frère, François de BELLEVAL-BOIS-ROBIN un partage dont l'acte est passé devant Me François Pappin, notaire à Abbeville [2].

Le 3 et le 10 août 1662 il vendit des terres à Maisnières à Charles de Huppy, avocat en Parlement [3].

Il mourut peu de temps après en laissant cinq enfants :

1° Antoine, qui suit;

2° Joachim de BELLEVAL, chevalier, seigneur d'Aigneville : il naquit vers 1650. Il épousa Marie Le Vasseur de Neuilly, fille de François Le Vasseur, écuyer, seigneur de Cauvigny, et de Marie Danzel de Beaulieu. Dans le contrat qui n'a pu être retrouvé, la future déclarait ne pas savoir écrire. Cette union fut célébrée le 16 février 1677 dans l'église d'Aigneville. Il n'en résulta pas de postérité.

LE VASSEUR : porte comme ci-dessus.

3° François de BELLEVAL, chevalier, seigneur de la Cote : il naquit en 1662. En 1676, à l'âge de quatorze ans, par conséquent, il était déjà au service du roi. — Il se maria deux fois : il épousa en premières noces, le 24 octobre 1678, dans l'église de Saint-Nicolas

[1] Anc. Généal. Mss.

[2] Ibidem.

[3] Mss. de D. Caffiaux, t. 24, p. 280, au Cab. des titres de la Bibl. Imp.

8

Du Maisniel : Comme ci-dessus.

Le Vasseur : Comme ci-dessus.

d'Abbeville, Bonne du Maisniel, fille d'Adrien du Maisniel, écuyer, seigneur de Longuemort, et de Bonne de Bernetz, sa seconde femme. François épousa en secondes noces, avant le 14 juin 1687, Claude Le Vasseur de Neuilly, sœur de sa belle-sœur précédemment citée. François n'eut pas d'enfants.

4° Charles de Belleval, chevalier, seigneur de Biencourt et d'Aigneville, qui suivra après l'article de son frère Antoine.

5° Elizabeth de Belleval, demeurant à Rieux, dans le comté d'Eu, en 1686. Elle s'allia successivement à Nicolas du Royon et à Jean Gaudin, marchand à Blangy.

Le Fournier : d'argent à trois roses de gueules.

XIV. Antoine de Belleval, chevalier, seigneur de Biencourt. — Il naquit en 1643 et épousa, mais on ignore à quelle époque, Marie Le Fournier, fille de François Le Fournier. — Il fut maintenu dans sa noblesse par arrêt de la Cour des Aides du 20 décembre 1664 [1]. — Le 30 décembre 1670 il reçoit une donation de son beau-père, par acte passé devant Me Tranquart, notaire à Amiens. — Il mourut le 4 mars 1671, en ne laissant de son union avec Marie Le Fournier que des filles :

1° Antoinette de Belleval, née le 22 septembre 1669 et morte le 30 du même mois.

2° Marie-Françoise de Belleval, née vers 1671, mariée le 29 juin 1693 à Louis de Braulle, et morte le 20 mai 1737.

XIV *bis*. Charles de Belleval, chevalier, seigneur de Biencourt et d'Aigneville.

Il naquit vers l'an 1644. Après la mort de son frère, An-

[1] Orig. sur parch. — Arch. du Bois-Robin.

toine, qui n'avait eu que des filles, la terre et seigneurie de Biencourt fit retour entre ses mains. Vers 1678, cette terre fut mise en décret et acquise par Pierre Le Boucher, écuyer, seigneur du Castelet [1].

Il fut maintenu dans sa noblesse par jugement de Colbert, intendant de Picardie, du 21 septembre 1667 : il avait, au préalable, pour satisfaire aux ordonnances, déposé, suivant récépissé du 8 août 1667, les titres justificatifs de sa noblesse, en vertu desquels il prenait la qualité d'écuyer, et le blason de ses armes, avec deux lions pour supports [2].

Charles de BELLEVAL avait épousé Madeleine de Thëys : il n'en eut pas d'enfants et mourut avant le 18 juin 1680 car on trouve à cette époque sa femme vivant veuve à Amiens.

En lui s'éteignit cette branche de la maison de Belleval.

BRANCHE

dite de Languedoc.

XIII. Pierre-Riquier de BELLEVAL, écuyer, conseiller et médecin du roi, professeur d'anatomie et de botanique, doyen de l'université de médecine de Montpellier.

[1] Hist. du canton de Gamaches, par M. Darsy, — t. 15, p. 340, des Mém. de la Société des Antiq. de Picardie.

[2] Orig. sur pap. — Arch. du Bois-Robin.

Bien que Pierre-Riquier de Belleval ne soit pas le chef de la branche de sa maison établie en Languedoc, mais seulement le frère puîné de ce chef, cependant comme il jouit d'une grande célébrité et que ce fut lui qui attira dans ce pays son neveu, Martin-Riquier, fils de son frère aîné, Jean-Riquier, on a cru devoir le faire figurer ici.

Pierre-Riquier de Belleval naquit en 1558. Livré de bonne heure à l'exercice de la médecine pratique, il avait eu le projet de se fixer à Avignon après s'être fait agréger, le 2 janvier 1588, à la faculté de médecine de cette ville. Il était alors âgé de trente ans et ses succès avaient déjà commencé sa réputation. Pendant une épidémie qui désolait la ville de Pézénas il rendit de si grands services que le connétable de Montmorency le prit en amitié, entra tout à fait dans ses vues, et lui fournit les moyens de cultiver en grand une science que Pierre-Riquier aimait avec passion, la botanique, à laquelle il allait faire faire de grands progrès, qu'il allait pour ainsi dire renouveler en France [1].

Ce fut à la protection du connétable de Montmorency que Pierre-Riquier de Belleval dut l'édit par lequel le roi Henri IV le nomma professeur d'anatomie et de botanique à l'université de Montpellier. Il sollicita aussitôt et obtint du même prince la création d'un jardin de botanique à Montpellier ; mais, pour pouvoir y exercer l'enseignement, les règlements voulaient qu'on fût docteur dans

[1] Notice sur P. R. de Belleval, placée en tête des *démonstrations élémentaires de Botanique*, par l'abbé Rozier et L. de la Tourette ; Lyon, 1796, 2 vol. in-4°.

la faculté de cette ville. Pierre-Riquier prit ce grade le 20 avril 1596 [1]. Deux ans plus tard, en 1598, le duc de Ventadour demanda en sa faveur une gratification aux états du Languedoc [2].

En 1602, en considération des services rendus à la science par Pierre-Riquier de Belleval, Henri IV lui accorda l'autorisation de faire placer sous les armes royales, « dressées en forme de pyramide en son jardin de Montpellier par ledit sieur de Belleval ung escusson où seroient representés l'os de la cuisse du corps humain et la plante appelée hyacinthe orientalle avec les mots suivants engravés tout alentour en lettres d'or : *Hæc ab Henrico Quarto Galliæ et Navarræ Rege data,* c'est-à-dire que sa majesté a donné audit sieur de Belleval et aux siens les dites armes [3] ».

Le 9 août 1604, Henri IV, par lettres-patentes, permit à Pierre-Riquier de se choisir et désigner un successeur [4]. C'était là une faveur rare et singulière. Il en usa en appelant auprès de lui, peu de temps avant sa mort, Martin-Riquier de Belleval. Telle est la circonstance qui décida à s'établir en Languedoc cette branche de la maison de Belleval.

Dans cette même année 1604, le roi s'était déjà souvenu de son médecin-botaniste, car le 26 mai, il lui donnait les

[1] Recherches sur la vie et les ouvrages de P. R. de Belleval, Avignon, 1786, in-8°.

[2] Ibidem.

[3] Orig. sur parch. — Arch. du Bois-Robin.

[4] Recherches, etc. citées plus haut, p. 46.

droits « de lotz et ventes et autres devoirs seigneuriaulx à nous deubz et escheuz ou qui nous escherront cy-après pour raison de la vente faicte ou preste à faire de la seigneurye d'ung villaige-lez-Montpellier, appelé Montférier, relevant de nous [1] ».

Le 5 novembre 1622 Pierre-Riquier fit son testament ; il y désigna pour son héritier son neveu, Martin-Riquier de Belleval. Entre autres charges prescrites à son exécuteur testamentaire était celle de « faire imprimer et mettre au jour les livres manuscritz que ledit testateur a faictz et composés, savoir : les figures et planches des plantes rares et non descrittes, avecq leurs descriptions, qui sont d'environ cinq cents ; plus le cathalogue des plantes médicinnales du jardin du roy, avec les descriptions des plantes et usaiges dicelles ; plus ses observations avec ung traité de la terre de Blois, plus touttes les herborizations des plantes qui se trouvent aux vingt-deux diocèzes de la province de Languedoc, et les entretiens de diverses choses des écoliers, lorsqu'ils estoient aux herborizations [2]. »

Les vœux du testateur ne furent pas exécutés. Les livres, les dessins et les cuivres gravés qu'il laissait furent négligés par sa famille. Une partie cependant de ses travaux devait voir le jour deux siècles après sa mort. Ils ont trouvé place dans l'ouvrage publié par l'abbé Rozier et Antoine-Louis de la Tourette. Dans la partie des figures de leurs démonstrations élémentaires de botanique se

[1] Orig. sur pap. — Arch. du Bois-Robin.

[2] Ibidem.

trouvent 282 planches exécutées par ou sur les dessins de Pierre-Riquier de Belleval, et les auteurs ont joint à ces planches les descriptions latines dues à de Belleval. Dire que Tournefort, Haller, Boerhaave, Linnée en ont fait un grand éloge suffit pour établir leur importance et pour assigner à Pierre-Riquier le haut rang scientifique qu'il mérite. Il avait imaginé une nomenclature botanique particulière ; il donnait à chaque plante un nom grec qui devait en exprimer le caractère le plus saillant. Cette méthode ne trouva que peu de partisans.

Quoique Pierre-Riquier de Belleval laissât à sa mort plusieurs ouvrages manuscrits, il en avait toutefois publié plusieurs de son vivant ; ce sont :

1° *Onomatologia, seu nomenclatura stirpium quæ in horto Regio Monspellii recenter constructo coluntur; Montpellier,* 1595, *in-12, avec* 52 *planches ;* cet ouvrage fut réimprimé à Paris, in-8°, en 1598, sous le titre d'Opuscules ;

2° *Dessein touchant la recherche des plantes des pays de Languedoc, dédié à MM. les gens des trois Etats dudit pays; Montpellier,* 1595, *in-8° avec planches ;*

3° *Remontrance et supplication au roy Henri IV touchant la continuation de la recherche des plantes du Languedoc et particulièrement de son jardin de Montpellier, in-4° sans-date ;*

4° *Recherche des plantes du Languedoc, Montpellier,* 1603, *in-4° avec cinq planches.*

Pierre-Riquier de Belleval s'était marié à une femme dont le nom est resté inconnu : il en avait eu deux filles qui moururent avant lui ; il mourut lui-même en 1623.

XIII. Jean-Riquier de Belleval, écuyer, seigneur de Rouvroy, valet de chambre ordinaire du roi, était fils de François de Belleval, écuyer, seigneur de Rouvroy, et de Françoise d'Outrempuis. (Voir degré XI de la branche des seigneurs de Rouvroy).

On ignore l'époque de sa naissance : On ignore également par quelle circonstance il avait été s'établir à Blois. Le 12 novembre 1589, il épouse, par contrat passé devant Me Chicoineau, notaire, Marie Lenoir, fille de feu noble homme Hercule Lenoir, valet de chambre du roi, et de Catherine Chartrain [1]. Demoiselle Françoise d'Outrempuis avait, pour consentir au mariage de son fils, donné sa procuration qui fut annexée au contrat de mariage. Cette procuration fut apportée à Blois par Jacques de Belleval, écuyer, seigneur de Rouvroy, frère aîné de Jean-Riquier. Jacques était accompagné de ses frères, Léonard et François, et de son cousin, Raoul de Belleval [2].

Lenoir : porte......

Jean-Riquier de Belleval reçut en dot de sa femme, lors de son mariage, la charge de valet de chambre du roi dont avait été pourvu Hercule Lenoir, son beau-père. Le roi lui en accorda un brevet signé de sa main, le 18 décembre 1590. Ce prince y mentionne les services que Jean-Riquier avait rendus au roi, dans sa jeunesse, auprès du duc de Montpensier, son cousin [3].

Le 12 février 1611, Jean-Riquier présenta au doyen et

1 Grosse sur pap. — Arch. du Bois-Robin.

2 Orig. sur parch. — Arch. du Bois-Robin.

3 Ibidem.

chapitre de Châlons un brevet du roi qui lui conférait la première prébende vacante dans ledit chapitre, mais le 7 février 1613, il céda ce brevet à M. du Godet [1].

Jean-Riquier de Belleval avait cessé de vivre avant 1632 : il laissa de son mariage avec Marie Lenoir :

1° Martin-Riquier, qui suit;

2° Françoise de Belleval, qui épousa, on ignore à quelle époque, Claude d'Omergue, seigneur de Prades. Elle était veuve en 1633.

3° Marguerite de Belleval; elle épousa par contrat du 26 avril 1632, passé devant Me Chicoineau, notaire à Blois, René Ledoux, conseiller-avocat du roi [2].

4° Marie de Belleval, alliée à Michel Chicoineau, conseiller du roi en l'élection de Blois.

Chicoineau : d'or à la bande d'azur chargée d'une étoile d'or en cœur et de deux croissants d'argent.

XIV. Martin-Riquier de Belleval, écuyer, docteur en droit, conseiller et médecin ordinaire du roi, conseiller du roi en la Cour des Comptes, aides et finances de Montpellier, professeur, chancelier et juge en l'Université de médecine, intendant du jardin médical et premier consul de Montpellier.

Martin-Riquier de Belleval naquit en 1598 : dès 1604, c'est-à-dire lorsqu'il n'avait encore que six ans, il fut investi de la survivance de son oncle, Pierre-Riquier de Belleval, dans tous les emplois que le célèbre botaniste occupait à l'Université de médecine et à l'intendance du jardin médical de Montpellier. En 1621 il fut reçu docteur à la

[1] Orig. sur pap. — Arch. du Bois-Robin.

[2] Ibidem.

faculté de cette ville, et le 11 janvier 1623 installé en qualité de coadjuteur de son oncle qu'il remplaça dans le courant de la même année [1].

Pierre-Riquier de Belleval avait avancé des sommes considérables sous le règne de Henri IV pour la construction et l'embellissement de son jardin botanique et ces sommes ne lui avaient été jamais remboursées. Martin-Riquier tenta de recouvrer cette partie de sa fortune. Il obtint un arrêt du conseil, donné à Fontainebleau, le 3 juin 1634, portant « qu'il sera payé de la somme de quarante mille livres à laquelle le roy a réduit et modéré toutes ses prétentions, tant pour la construction et logement du jardin médicinal à Montpellier que pour le parachevement d'iceluy, et que ladite somme sera imposée et levée en trois années consécutives, à commencer la prochaine 1635, sur les contribuables aux tailles de la généralité de Montpellier [2] ». Martin de Belleval présenta une requête à ce sujet aux états du Languedoc, car les avances faites par son oncle, pour rétablir le jardin dévasté et ruiné lors des guerres, s'élevaient au chiffre de cent mille francs. Les Etats refusèrent d'acquitter la dette, mais le roi finit par accorder en forme de compensation, à Martin-Riquier, une rente à prendre sur les gabelles, rente que ses descendants touchèrent jusqu'en 1793 [3].

Martin-Riquier de Belleval épousa, par contrat passé le

[1] Recherches sur P. R. de Belleval, déjà citées, p. 44-45.

[2] Ibidem.

[3] Ibidem.

19 février 1643, par-devant Me Marsal, notaire à Montpellier, Françoise de Valette, fille de Jacques de Valette, seigneur des Plans, conseiller en la Cour des Comptes, aides et finances de Montpellier, et de Marie de Manse d'Autre [1].

VALETTE : écartelé, au 1 et 4 d'or à un arbre de sinople accosté de deux lions de gueules et de deux étoiles d'or ; au 2 et 3 d'azur à trois chevrons d'or.

Le 17 avril 1649, l'évêque de Montpellier concéda à perpétuité à Martin-Riquier de BELLEVAL pour lui et pour ses descendants, « une chapelle dans l'église cathédrale de Montpellier, qui est la troisième en entrant par la grande porte du côté du cloître, avec la faculté d'y faire établir sa sépulture, et à ces fins y faire bâtir une voûte, avec permission aux dits seigneurs de BELLEVAL de faire mettre leurs armes dans ladite chapelle, d'y placer un litre funèbre sur drap ou étoffe, pour y demeurer l'année [2]. Le chapitre confirma et approuva cette concession, le 23 avril suivant, après avoir reçu de l'impétrant la somme de 400 livres [3].

Peu de temps après son mariage Martin acheta une charge de conseiller-maître en la Cour des Comptes, aides et finances de Montpellier ; mais il était déjà conseiller-médecin ordinaire du roi et chancelier de l'Université de médecine, et ces deux qualités étaient incompatibles. Il sollicita donc et obtint de Louis XIV des lettres-patentes qui levassent cette difficulté : elles lui furent accordées le 15 mai 1651 « en considération des services signalés qu'il avait rendus au père de sa majesté, durant plusieurs

[1] Grosse orig. sur parch. — Arch. du Bois-Robin.

[2] Orig. sur pap. — Arch. du Bois-Robin.

[3] Ibidem.

années, devant La Rochelle, en Lorraine, en Picardie, dans le Roussillon et en Catalogne, et enfin dans la charge de premier consul de la ville de Montpellier [1] ». Martin fut reçu en conséquence conseiller-maître à la Cour des Comptes le 8 février 1652 [2].

L'importante charge de premier consul de Montpellier dont il était revêtu ne pouvait être remplie que par un gentilhomme de nom et d'armes [3].

Le 20 décembre 1660 il reçut du roi des lettres-patentes qui accordaient sa survivance à son fils [4]. Mais elles ne reçurent pas leur exécution parce que ce fils n'était pas encore gradué lors de la mort de son père. Les fonctions que remplissait Martin-Riquier à l'Université de médecine passèrent à son neveu Michel Chicoineau.

Martin-Riquier fit son testament le 22 février 1663 devant Me Marsal, notaire à Montpellier, et y ajouta un codicille le 28 février 1664 [5]. Il mourut en cette même année, laissant de son union avec Françoise de Valette :

1° Georges-Riquier, qui suit ;

2° Jacques-Riquier de BELLEVAL, écuyer, lieutenant au régiment du roi, mort à l'âge de 24 ans à Luxembourg, sans avoir été marié [6].

[1] Orig. sur parch. — Arch. du Bois-Robin.

[2] Ibidem.

[3] Preuves pour Malte, voir au degré XVII de la même branche.

[4] Copie authent. sur pap. — Arch. du Bois-Robin.

[5] Ibidem.

[6] Orig. sur pap. — Arch. du Bois-Robin.

3° Gaspard de BELLEVAL, écuyer, capitaine au régiment de Normandie, mort à marier.

4° François de BELLEVAL, écuyer, sans alliance.

5° Jeanne de BELLEVAL, femme de Guillaume Dejan, seigneur de Pradel, conseiller au Parlement de Languedoc.

6° Antoinette de BELLEVAL.

XV. Georges-Riquier de BELLEVAL, chevalier, président en la Cour des Comptes, aides et finances de Montpellier, maire perpétuel et viguier de Montpellier, gouverneur de Beaucaire.

Il naquit vers 1645 et épousa, par contrat du 7 janvier 1676, passé devant Me Durand, notaire à Montpellier, Anne de Bouillako, fille de Charles de Bouillako, conseiller du roi en la Cour des Comptes, aides et finances de Montpellier, et d'Anne de la Croix de Candillargues. Cet acte fut passé en présence du cardinal de Bouzi, archevêque-primat de Narbonne, de deux évêques et de plusieurs grands seigneurs parents et amis [1].

Georges de BELLEVAL fut nommé le 7 septembre 1685 président en la Cour des Comptes, aides et finances de Montpellier [2].

Le 2 juin 1693 il testa devant Me Durand, notaire à Montpellier, et mourut laissant de son union avec Claude de Bouillako onze enfants :

1° Gaspard, qui suit ;

[1] Minute sur pap. — Arch. du Bois-Robin.

[2] Citées dans les preuves pour Malte, du degré XVII de cette branche.

2° François-Ignace de BELLEVAL, prêtre, bachelier en théologie de la faculté de Paris, Prévot de l'église cathédrale de Montpellier. Il testa devant Me Gros, notaire à Montpellier, le 28 avril 1742.

3° François-Ignace de BELLEVAL, chevalier, marquis de Vignolles, seigneur d'Angairesque, Huguis et Fermeillié, capitaine au régiment du roi. — Il est qualifié marquis de Vignolles dans l'acte par lequel il donne à son neveu quittance de ses droits légitimaires maternels, le 23 avril 1744. Cette pièce porte le visa de Chérin. Il fut tué à la guerre. Il avait épousé Victoire de Vignolles, dont il eut deux filles :

VIGNOLLES : de sable au cep de vigne chargé de ses pampres et soutenu d'un échalas, le tout d'argent.

A. Jeanne-Louise de BELLEVAL, épousa Joseph de Portalès, seigneur de Mize et autres lieux ;

B. Anne de BELLEVAL, femme de Philippe de Narbonne-Pelet, seigneur de Poumeirolles et de Florensac.

NARBONNE-PELET : d'argent au chef de sable, à la bordure de gueules.

4° Gabriel de BELLEVAL, chevalier, capitaine au régiment de La Fare, infanterie ; il épousa Catherine des Portes, et en eut

PORTES : d'azur à une bande d'or, accompagnée en chef de trois alérions d'argent, et en pointe d'une tour de même, maçonnée de sable.

A. Madeleine de BELLEVAL, femme de Léonard de Lévignan.

5° Etienne de BELLEVAL, chevalier, sous-lieutenant au régiment du roi, infanterie, en mars 1710, lieutenant en juin 1710, capitaine le 27 octobre 1714, et chevalier de Saint-Louis. — Fut tué, en 1734, à la bataille de Parme [1].

6° René-Gaspard de BELLEVAL, lieutenant au régiment de La Fare, tué dans les troubles des Cévennes.

7° Jeanne de BELLEVAL, femme de Louis de Manse, chevalier, conseiller du roi, trésorier de France au bureau de la Généralité de Montpellier, intendant des Gabelles du Languedoc, maire de Montpellier.

RICARD : de sable à une rose d'argent, au chef cousu d'azur chargé d'une croix d'or, accostée d'une étoile d'argent et d'un croissant contourné de même.

8° Anne de BELLEVAL, femme de Marc-Antoine de Ricard, écuyer.

[1] Etats de service, aux Arch. du minist. de la guerre. — Copie authent. — Arch. du Bois-Robin.

9° Antoinette de Belleval.

10° Anne de Belleval.

11° Marie de Belleval, alliée par contrat passé le 1er mai 1717 devant Me Durrac, notaire à Montpellier, à Louis de Bayard, baron de Ferrières, seigneur de Burtatz et de la Crouzette, premier écuyer du dauphin, fils de Pierre de Bayard, baron de Ferrières, et d'Anne d'Autheville de Vauvert [1].

Bayard : d'azur au chevron d'or accompagné de trois coquilles de même.

XVI. Gaspard de Belleval, chevalier, conseiller du roi en ses conseils, président en la Cour des Comptes, aides et finances de Montpellier.

Il naquit le 23 janvier 1677 et fut baptisé le 9 février suivant [2]. Il épousa, par contrat passé le 30 janvier 1709, devant Mes Brun et Durand, notaires à Montpellier, Elizabeth de Fressieu, fille de Joseph-Philibert de Fressieu, colonel des garde-côtes du Rhône, et d'Yolande de Verchant [3].

Fressieu : porte........

Gaspard de Belleval fut nommé président en la Cour des Comptes, aides et finances de Montpellier par brevet en date du 2 mars 1700. Il fut reçu le 29 juillet suivant.

Il testa par-devant Me Gros, notaire à Montpellier, le 15 septembre 1727 [4], et mourut peu après, laissant de son union avec Elizabeth de Fressieu :

1° Joseph-Philibert, qui suit ;

[1] Grosse orig. sur pap. — Arch. du Bois-Robin.

[2] Orig. sur pap. — Arch. du Bois-Robin.

[3] Grosse orig. sur pap. — Arch. du Bois-Robin.

[4] Anc. Généal. Mss.

VAQUIER : d'argent à la vache de gueules, colletée d'or et clarinée de sable.

2° Marie-Yolande de BELLEVAL ; elle épousa Pierre de Vaquier, seigneur de Coulondres, conseiller du roi en la Cour des Comptes, aides et finances de Montpellier.

MURET : écartelé au 1 et 4 d'argent à trois fasces crénelées d'azur ; au 2 et 3 de gueules à quatre amandes d'argent en sautoir, au chef cousu de France.

3° Anne-Madeleine de BELLEVAL. Elle épousa Jean-Jacques de Muret, conseiller en la Cour des Comptes, aides et finances de Montpellier.

4° Marie de BELLEVAL, femme de Gaspard-René de Perdrix.

PERDRIX : d'azur à trois glands d'or surmontés de trois étoiles de même.

XVII. Joseph-Philibert de BELLEVAL, chevalier, conseiller du roi en ses conseils, président en la Cour des Comptes, aides et finances de Montpellier.

Il naquit en 1711, et épousa par contrat où il est qualifié « haut et puissant seigneur » ainsi que son père, passé le 1er octobre 1735 devant Me Durand, notaire à Montpellier, Marguerite Mouton, fille de Jean Mouton, conseiller-secrétaire du roi, maison et couronne de France, seigneur d'Assas, Saint-Vincent, la Clotte, et de Marie de Perdiguier [1]. — Celle-ci étant morte sans lui donner d'enfants, Joseph-Philibert de BELLEVAL épousa en secondes noces, par contrat passé le 26 février 1766, par-devant Me Avenat, notaire à Somières, Marie-Elisabeth de Pavée de Villevieille, fille de Jean-Raymond de Pavée, marquis de Villevieille et de la Roquette, baron de Montrédon, et de Françoise-Mélanie de La Fare, marquise de La Fare et de Montclar [2].

PAVÉE DE VILLEVIEILLE. d'or à trois chevrons d'azur.

Joseph-Philibert fut d'abord conseiller, puis président,

1 Orig. sur pap. — Arch. du Bois-Robin.

2 Grosse orig. sur pap. — Arch. du Bois-Robin.

puis enfin président honoraire de la Cour des Comptes, aides et finances de Montpellier. Mais on n'a pu retrouver la date de ces divers brevets.

De son union avec Marie-Elizabeth de Pavée de Villevieille sont issus :

1° Jean-Baptiste-François-Gaspard, qui suit ;

2° Charles-Philippe-Gabriel de BELLEVAL, né le 4 février 1771, admis comme chevalier de justice et majorité dans l'ordre de Malte, le 21 mai 1788 [1] ; il mourut sans alliance en 1836.

3° Marie-Thérèse-Françoise-Gratienne de BELLEVAL, mariée à Clément-Casimir de Bosc, chevalier, le 6 septembre 1697.

BOSC : d'or au corail de gueules sur une terrasse de sinople.

XVIII. Jean-Jacques-François-Gaspard de BELLEVAL, chevalier, né en 1767, et mort en 1813. Il avait épousé, en 1789, Marie-Joséphine-Sophie-Xavier du Vivier de Lansac, fille de François-Hyppolite, marquis du Vivier, comte de Lansac, et de Marie-Xavier de Guignard de Saint-Priest, sœur du vicomte de Saint-Priest, dernier intendant du Languedoc, et du comte de Saint-Priest, ambassadeur, ministre du roi Louis XVI, pair de France, etc... Elle est décédée à Paris le 7 janvier 1846.

DU VIVIER DE LANSAC : de gueules plein.

De ce mariage sont nés :

1° François-Hyppolite de BELLEVAL, chevalier, né le 28 septembre 1790, chef d'escadron au 2me régiment des grenadiers à cheval de la garde royale, chevalier de Malte, officier de l'Ordre de la Légion-d'Honneur, mort sans alliance le 5 juin 1824.

[1] Orig. sur pap. avec les preuves. — Arch. du Bois-Robin.

2° Charles-Joseph de BELLEVAL, né le 13 août 1793, capitaine d'infanterie, chevalier de l'Ordre de la Légion-d'Honneur, mort sans alliance le 23 avril 1849.

3° Gabriel-Philibert, baron de Belleval, né le 17 juillet 1795, officier de la Légion-d'Honneur, chevalier de l'Ordre de Malte, commandeur des Ordres de Charles III, d'Espagne, et de Saint-Ferdinand et du mérite, de Naples, etc... Il était, en 1830, secrétaire de légation en Saxe ; en 1839, Ier secrétaire d'ambassade en Suisse ; en 1840 enfin, lorsqu'il mourut, ministre plénipotentiaire à Hambourg. Il n'a point laissé d'enfants de son mariage avec Béatrix Carcier de Castel.

4° Antoine-Gabriel-Riquier, qui suit ;

5° Marie-Joséphine de BELLEVAL, mariée à Charles-Joseph-François-Marie de Sorbier de Pougnadoresse.

6° Marie-Charlotte-Emma de BELLEVAL, née à Montpellier le 18 janvier 1803, morte en 1859. Elle avait épousé Joseph-Laurent-Hyppolite de la Boissière.

XIX. Antoine-Gabriel-Riquier de BELLEVAL, chevalier, né à Montpellier le 27 juillet 1808. N'est pas marié.

BRANCHE

des Seigneurs de Saint-Denis et de Martinvast,

X. Mondin de BELLEVAL, écuyer, homme d'armes des ordonnances du roi, était fils de Jean de BELLEVAL, IVe du nom, et de Jeanne Le Vasseur. (Voir degré IX de la branche aînée).

Il participa avec ses trois frères aux lettres de confirmation de noblesse accordées en 1514 par le roi Louis XII. — Il possédait, en 1537, des terres et une masure à Hellicourt [1].

De sa femme, dont le nom est inconnu, il eut :

Mathieu, qui suit.

XI. Mathieu de Belleval, écuyer, capitaine d'une bande de la légion de Picardie.

On ignore l'époque de sa naissance et on ne sait que fort peu de chose sur lui. — Il créa, le 16 mars 1541, une rente au profit de Pierre L'Orfèvre, bourgeois d'Abbeville [2]. — Le 8 décembre 1545 il reçut son congé de François de Monchy, seigneur de Montcavrel et de Broutelles, capitaine de 500 hommes de guerre légionnaires de la nation de Picardie dans lesquels Mathieu de Belleval commandait une bande [3]. — Il obtint le 9 août 1568 de la Chambre des Comptes l'entérinement des lettres de 1514, et des nouvelles lettres confirmatives de 1545 [4].

De sa femme, dont on n'a pu découvrir le nom, il eut :

Jean, qui suit.

[1] Anc. Généal. Mss.

[2] Ibidem.

[3] Cité dans la pièce suivante.

[4] Orig. sur pap. — Arch. du Bois-Robin.

XII. Jean de BELLEVAL, écuyer, seigneur de Saint-Denis et de Martinvast.

Il demeurait à Aigneville en 1585 quand il fit deux ventes de terres, par actes des 22 mai et 10 août passés devant Me François Retard, notaire à Abbeville[1]. — Il était mort avant 1595. — De Marie Morel, sa femme, il avait eu :

MOREL : d'azur à une fleur de lys d'or, accompagnée de trois glands de même.

1° Nicolas, qui suit ;

2° Denise de BELLEVAL.

XIII. Nicolas de BELLEVAL, écuyer, seigneur de Saint-Denis et de Martinvast.

Il demeurait à Aigneville, ainsi que cela résulte d'une reconnaissance de rente passée le 5 décembre 1595 devant Me François Descaules, notaire à Abbeville. — Il figurait en 1591, parmi les tenanciers de la seigneurie de Maisnières, selon un dénombrement de ladite seigneurie, donné au mois de juillet[2],

Il épousa, par contrat en date du 13 juillet 1595, passé devant Me François Retard, notaire à Abbeville, Marie de Boffle, fille unique de Philippe de Boffle, écuyer, seigneur d'Hestruval, et de Françoise de Hallencourt[3].

BOFFLE : de sinople à deux bandes d'argent.

De cette union il ne sortit que deux filles :

1° Isabeau de BELLEVAL, alliée en 1631, par contrat passé devant

[1] Anc. Généal. Mss.

[2] Mss. de D. Caffiaux, t. 24, p. 320. — Cab. des tit. de la Bibl. imp.

[3] Anc. Généal. Mss.

Me Maisons, notaire à Montdidier, à Charles Bertin, écuyer, seigneur de Rincourt [1].

BERTIN : losangé d'argent et de gueules.

2° Jeanne de BELLEVAL, demoiselle de Martinvast ; on ne voit point qu'elle ait été mariée. Elle reçut en 1649 de sa sœur, une donation faite devant Me Boujonnier, notaire.

BRANCHE

des premiers Seigneurs de Floriville.

X. Emond de BELLEVAL, écuyer, lieutenant du village de Maisnières. — Il était fils de Jean de BELLEVAL, IVe du nom, et de Jeanne Le Vasseur (Voir degré IX de la branche aînée).

Il était déjà marié, dit-on, en 1510, mais on n'a pu retrouver le nom de sa femme. — Il participa avec ses trois frères aux lettres du roi Louis XII, en 1514. — Il possédait des terres à Fressenneville ainsi que cela résulte d'un acte de 1522. — Il demeurait à Monchelet, le 7 janvier 1523. — Il est qualifié écuyer, et lieutenant du village de Maisnières dans une saisine du 12 mars 1530 à laquelle il assiste comme témoin [2], et dans un acte du 27 avril 1522 par lequel il vend à Nicolas Danzel quatre journaux et demi de

[1] Anc. Généal. Mss.

[2] Mss. de D. Caffiaux, t. 24, p. 274, au Cab. des titres de la Bibl. imp.

terres à Aigneville [1]. — En 1537 il possédait à Hellicourt une masure et des terres [2].

Il laissa pour enfants :

1° Jean, qui suit ;

2° Antoine de Belleval, écuyer, auteur de la branche des seigneurs de Courcelles, qui suivra plus loin.

XI. Jean de Belleval, homme d'armes des ordonnances du roi.

On ignore l'époque de sa naissance. Tout ce qu'on sait de lui, c'est qu'il était homme d'armes des ordonnances en 1532. De sa femme, dont le nom est inconnu, il eut deux fils :

1° Hugues, qui suit.

2° Jacques de Belleval, écuyer, mort sans postérité.

XII. Hugues de Belleval, écuyer, seigneur de Floriville, homme d'armes des ordonnances du roi.

La date de sa naissance n'est pas connue. — Le 27 septembre 1556, il entra en qualité d'homme d'armes dans la compagnie commandée par M. de Rubempré [3]. — Il demeurait à Floriville, le 6 octobre 1559, lorsque le bailli de Maisnières pour l'abbaye de Corbie rendit une sentence relative à l'exécution d'un bail fait par Hugues de Belleval

[1] Anc. Généal. Mss.
[2] Ibidem.
[3] Ibidem.

à Nicolas de Rambures, laboureur à Hocquélus [1]. — Le 25 septembre 1568 André de Bourbon, chevalier de l'ordre du roi et capitaine de 50 hommes d'armes de ses ordonnances, seigneur de Rubempré et Rieux, certifie qu'Hugues de Belleval, écuyer, est homme d'armes dans sa compagnie, et qu'il est alors dans la ville de Doullens pour le service du roi. — A la suite de cette attestation, Michel Boucher, trésorier de la compagnie certifie à son tour qu'il a payé le même jour audit seigneur de Belleval les deux quartiers qui lui étaient dus « pour la monstre qui fut faicte dernièrement à Fromerie [2] ».

Le 8 septembre 1556 un bail à cens de quinze journaux de terre fut passé à Gamaches en faveur d'Hugues de Belleval. — Le 24 décembre de la même année, Hugues acquit de Jean Pecquet, laboureur, demeurant à Tilloy, une masure à Hocquélus [3]. — Il obtint le 9 août 1568, de la Chambre des Comptes, un arrêt confirmatif de noblesse rendu contradictoirement avec les habitants du village de Maisnières [4]. — Il fut tué à la bataille de Jarnac, le 13 mars 1569.

Hugues de Belleval avait épousé, mais on ignore à quelle époque, Colaye Prounier, fille de Raoul Prounier, écuyer, seigneur de Wamin, et de Catherine de Bernieulles.

Prounier : porte.......

[1] Gr. nobil. de Picardie de Villers de Rousseville, aux Preuves de la Généal. de Belleval.

[2] Pièces citées dans l'arrêt de la Chambre des Comptes de 1568, qui suivra.

[3] Gr. nobil. de Picardie, Preuves de la Généal. de Belleval.

[4] Orig. sur parch. et sur pap. — Arch. du Bois-Robin.

De leur union sont issus :

1° Hugues, qui suit.

2° Jean de BELLEVAL, écuyer, auteur de la branche des seconds seigneurs de Floriville, qui suivra.

3° Colaye de BELLEVAL : on ignore si elle se maria.

DOURLENS : d'azur au chevron d'or accompagné en chef de deux trèfles de même et en pointe d'un lion d'argent lampassé d'or.

4° Charlotte de BELLEVAL : elle épousa Claude de Dourlens, seigneur d'Espagny, procureur et notaire royal à Gamaches, et receveur du Marquisat de ce nom, fils de Warin de Dourlens, et de N... Duflos. Dans des lettres de confirmation de noblesse données par Louis XIV, en août 1700, à Pierre de Dourlens, sieur de Serival, on rappelle que ses ancêtres prirent des alliances dans plusieurs « *maisons illustres de Picardie* » et parmi ces alliances on cite celle de Claude de Dourlens, sieur d'Espagny, son aïeul, avec demoiselle Charlotte de BELLEVAL [1]. Celle-ci mourut sans enfants, disent ces mêmes lettres-patentes, et Claude de Dourlens se remaria.

XIII. Hugues de BELLEVAL, écuyer, seigneur de Floriville, homme d'armes des ordonnances du roi.

DANZEL : d'azur à un daim contourné, passant et ailé d'or.

L'époque de sa naissance n'est pas connue. — Il épousa, par contrat passé le 1er avril 1578, devant Me François Méquignon, notaire en Vimeu, Marie Danzel, fille de Nicolas Danzel, écuyer, seigneur de Saint-Marc et de Boismont, et de Françoise de Cahon [2].

Hugues de BELLEVAL, son frère Jean et Colaye Prounier, leur mère, reçurent de Henri III, roi de France, le 18 octobre 1581, des lettres de confirmation de noblesse. Ces

[1] Orig. sur parch. scellé. Arch. du Bois-Robin.

[2] Gr. nobil. de Picardie, Preuves de la Généal. de Belleval.

lettres furent enregistrées à la Cour des Aides, le 12 mai 1582 [1]. — Le 10 juillet 1585, la Cour des Aides rendit encore un arrêt par lequel, contradictoirement avec les habitants de Floriville, Hugues de BELLEVAL, Jean, son frère, et Colaye Prounier, leur mère, sont déclarés exempts de l'impôt et de la taille [2].

Hugues était déjà au service du roi en 1575 : car, le 24 septembre de la même année, il comparaît comme archer dans la même compagnie d'hommes d'armes du sire de Rubempré où son père avait servi [3].

On ignore l'époque de sa mort. De son union avec Marie Danzel sont issus :

1° Gédéon, qui suit ;

2° François de BELLEVAL, écuyer, prêtre, vivant encore à Amiens en 1625.

3° Catherine de BELLEVAL, fiancée en 1615, à Antoine Prévost, sieur des Vasseurs, demeurant au village de Dargny. Elle existait encore le 16 juillet 1631.

4° Charlotte de BELLEVAL, femme de Jean Forestier, demeurant au village de Belloy. Elle était veuve en 1631.

5° Nicole de BELLEVAL, mariée par contrat du 12 mai 1616, insinué le 5 août suivant, à Pierre Caron, greffier de la seigneurie de Bouillencourt-en-Sery, fils de Denis Caron et de Marguerite Duflos [4].

[1] Gr. nobil. de Picardie, Preuves de la Généal. de Belleval.

[2] Ibidem.

[3] Montre faite à Abbeville. — Tit. scel. de Clairemb. vol. 123, au Cab. des tit. de la Bibl. imp.

[4] Anc. Généal. Mss.

CAQUERAY : d'or à trois roses de gueules.

6° Jeanne de BELLEVAL, mariée vers 1616 à Christophe de Caqueray, écuyer, seigneur de Bézu et de Massey.

XIV. Gédéon de BELLEVAL, écuyer, seigneur de Floriville.

CACHELEU : de gueules à trois fasces d'or, à un franc-quartier de sable à la bande d'argent chargée de trois coquilles de pourpre.

Il naquit vers 1580 : il épousa, par contrat du 11 mai 1615, passé devant Me Pierre Lefebvre, notaire à Abbeville, Antoinette de Cacheleu, fille de Claude de Cacheleu, écuyer, seigneur de Poupincourt, et d'Antoinette Le Sage, dame de Vauchelles et du Titre [1]. — Il était mort avant 1618 puisque le 1er décembre de cette même année, sa veuve fit un relief pour Floriville, en qualité de mère et de tutrice de Marie de BELLEVAL, sa fille unique. — Peu de temps après, elle se remaria avec Oudard de Mailly, seigneur de Breauté.

Gédéon de BELLEVAL n'avait eu, de son mariage, qu'une fille unique :

Marie de BELLEVAL, dame de Larguillon ; elle vivait sans alliance en 1660, lorsqu'elle servit un aveu à l'abbaye de Corbie, comme seigneur de Maisnières, et elle habitait alors à Floriville.

BRANCHE

des seconds Seigneurs de Floriville.

XIII. Jean de BELLEVAL, écuyer, seigneur de Floriville, homme d'armes des ordonnances du roi dans la com-

[1] Anc. Généal. Mss.

pagnie du seigneur de Humières, était fils de Hugues de BELLEVAL, écuyer, seigneur de Floriville, et de Colaye Prounier (Voir degré XII des premiers seigneurs de Floriville).

On ne sait que peu de chose sur son compte. — Il épousa, par contrat du 29 septembre 1594, Anne de Payen, fille de feu Jean de Payen, écuyer, seigneur de Hasardville et de Catherine de la Brée [1].

PAYEN : d'argent à trois tourteaux de sable, le premier chargé d'une rose d'or.

Il demeurait à Floriville. — Il mourut vers 1608, et sa veuve se remaria en 1619 avec Pierre de BELLEVAL, écuyer seigneur d'Angerville.

De son mariage, Jean de BELLEVAL avait eu :

1° Nicolas, qui suit ;

2° Gédéon de BELLEVAL, écuyer, seigneur de Hazardville, demeurant, sans alliance, à Longuemort, en 1625.

XIV. Nicolas de BELLEVAL, écuyer, seigneur de Floriville.

Il naquit vers 1596 et épousa par contrat passé devant Me Raoul Gorré, notaire à Ault, le 30 septembre 1625, Elizabeth de Coppequesne, fille de feu Gilles de Coppequesne, écuyer, seigneur de Bazonville, Friville et Fressenneville, et d'Anne Tillette [2].

COPPEQUESNE : de gueules à trois glands d'or.

Il testa le 18 janvier 1625 devant Me Vaucquet, notaire à

[1] Gr. nobil. de Picardie, aux Preuves de la Généal. de Belleval.

[2] Ibidem.

Oisemont [1]. Il habitait alors Longuemort. Il mourut avant 1666 laissant pour enfants :

1° François, qui suit ;

2° Antoine de BELLEVAL, écuyer, seigneur de Hazardville. Il habitait Floriville, et épousa, par contrat passé le 11 décembre 1669 devant Me Jean de Poilly, notaire à Gamaches, et par célébration du 18 janvier 1670 à Aigneville, Madeleine Danzel de Beaulieu, fille de feu Antoine Danzel, écuyer, seigneur de Beaulieu, et de Claude de Boffles [2]. — Il mourut sans enfants.

3° Anne de BELLEVAL : il résulte d'une transaction du 9 août 1648, passée devant Me Antoine de Boulogne, qu'elle avait été fiancée à Gédéon d'Acheu, chevalier, seigneur du Plouy, veuf de Marie Manessier de la Thulotte, et fils de Paul d'Acheu, écuyer, seigneur du Plouy, et de Gabrielle d'Estourmel : mais cette union n'eut pas lieu, et Anne épousa Antoine du Quesnoy, écuyer, seigneur de Toufreville, Erval et Frenville.

QUESNOY : d'or à l'aigle éployée de sable.

4° Marie de BELLEVAL : elle transigea avec ses frères le 14 juin 1668, et épousa par contrat passé le 29 décembre 1681 devant Me François Creton, notaire à Gamaches, Jean de L'Estoile, seigneur de Belleval, fils de feu François de L'Estoile de Beaufresne, écuyer, seigneur de Belleval, et de Marie de Ray de Préville [3].

L'ESTOILE : d'azur à deux molettes d'éperon d'or, en chef, et une molette et un besant de même, en pointe.

XV. François de BELLEVAL, seigneur de Floriville, de Hazardville et de la prévôté de Guerville.

Il naquit en 1627. — Le 23 mai 1660 il est au nombre des opposants à la vente du comté d'Eu et réclame qu'on

[1] Anc. Généal. Mss.

[2] Ibidem.

[3] Ibidem.

lui conserve les droits que lui valent ses seigneuries de Hazardville et de la prévôté de Guerville c'est-à-dire les droits de franc-batir, franc-chauffage, et franc-paturage pour ses bestiaux dans les bois de haute futaie et dans les taillis [1]. — Il fit, le 19 août 1658, un relief tant pour lui que pour Antoine, Anne et Marie de BELLEVAL, ses frères et sœurs [2].

François de BELLEVAL épousa, par contrat passé le 7 mars 1666 devant Me Framery, notaire à Oisemont, Madeleine de Louvel, fille de feu Geoffroy de Louvel, écuyer, seigneur de la Courdonnœil, et de Madeleine du Chemin [3].

LOUVEL : d'or à trois têtes de loup de sable.

Il épousa en secondes noces, avant le 5 juillet 1673, mais on ignore la date exacte car le contrat n'a pu être retrouvé, Marie de Ray, veuve de Charles d'Aigneville, écuyer, seigneur de Romaine et de Boiville. Cette alliance est prouvée par le contrat de mariage de Nicolas d'Aigneville, fils de Charles et de ladite Marie de Ray, le 5 juillet 1673, et où François de BELLEVAL comparait comme beau-père du futur, à cause de Marie de Ray sa femme [4].

François servit un aveu et dénombrement de sa seigneurie de Floriville à l'abbaye de Corbie comme seigneur de Maisnières, le 16 février 1680 [5]. — Il fut maintenu dans sa qualité de noble et d'écuyer, par jugement de Bignon,

[1] Regist. du Parlement.

[2] Mss. de D. Caffiaux, t. 24, p. 313, au Cab. des tit. de la Bibl. imp.

[3] Gr. nobil. de Picardie, aux Preuves de la Généal. de Belleval.

[4] Gr. nobil. de Picardie, à la Généal. d'Aigneville.

[5] Mss, de D. Caffiaux, t. 24, p. 319, au Cab. des tit. de la Bibl. imp.

intendant de Picardie, le 4 octobre 1699 [1]. — On ignore l'époque de sa mort. — De son union avec Madeleine de Louvel, il laissa :

1° François, qui suit;

2° Antoine de BELLEVAL, écuyer, seigneur de Floriville. De sa maîtresse, Anne de Douay, il eut deux filles jumelles, Marie et Jeanne de BELLEVAL, nées à Abbeville sur la paroisse de Saint-Jacques, le 18 mai 1693.

LA RUE : d'argent à trois fasces de gueules.

3° Anne de BELLEVAL, née vers 1673 et alliée, par contrat passé le 18 octobre 1694, devant Me Creton, notaire à Gamaches, à François-Alexis de La Rue, écuyer, seigneur de L'Espinay, demeurant à Bosc-Geffroy, fils d'Adrien de La Rue, écuyer, seigneur de La Belloye, et d'Adrienne Maillard d'Hollincourt [2].

XVI. François de BELLEVAL, chevalier, seigneur de Floriville.

MOISNEL : d'azur à trois moineaux d'argent.

Il naquit en 1678, et épousa, mais on ne sait à quelle époque car on n'a pu retrouver son contrat de mariage, Catherine Moisnel, fille de Pierre Moisnel, président au Grenier au sel de Saint-Valery, et d'Antoinette de Ponthieu [3]. — Il obtint, le 20 décembre 1704, la saisine d'un bien qu'il avait acquis, par échange, de Jean de L'Estoile, écuyer, seigneur de Belleval, et de Marie de BELLEVAL, sa femme [4].

[1] Voir le gr. nobil.

[2] Anc. Généal. Mss.

[3] Ibidem.

[4] Mss. de D. Caffiaux, t. 21, p. 293, au Cab. des tit. de la Bibl. imp.

De son mariage avec Catherine Moisnel, François de BELLEVAL eut pour enfants :

1° François, qui suit ;

2° Pierre-Nicolas de BELLEVAL, chevalier, appelé le chevalier de Floriville, entra aux chevau-légers de la garde du roi le 22 juin 1730, fut peu après nommé sous-brigadier, fit les campagnes de 1734, et de 1743 à 1748, fut nommé chevalier de Saint-Louis le 20 juin 1751 et reçu par le duc de Chaulnes, et enfin se retira du service le 30 mai 1762 [1]. — Il avait épousé Camille d'Orillac du Chaussoy, de laquelle il n'eut pas d'enfants.

3° Madeleine-Thérèse de BELLEVAL, mariée en juillet 1742 à Pierre-Aymar de Fontaines, chevalier, seigneur de Boccasselin, chevau-léger de la garde du roi, fils d'Hubert de Fontaines, chevalier, seigneur de Boccasselin, brigadier des chevau-légers, et de Marie-Anne Bonnet [2].

FONTAINES : d'or à trois écussons de vair.

4° Edmonde de BELLEVAL, dame de Floriville, mariée, par contrat du 25 février 1732, à Pierre-Joseph Le Moisne de Blangermont, chevalier, seigneur des Essarts, de Watteblérie et du Chaussoy, fils de François Le Moisne de Blangermont, chevalier, seigneur des lieux susdits, et de Jacqueline d'Ippre [3].

LE MOISNE DE BLANGERMONT. d'azur à la bande d'or chargée de trois croix alaisées de gueules.

5° Marie-Antoinette de BELLEVAL : elle a testé le 19 octobre 1736 et elle est entrée le lendemain au couvent des dames de la Visitation de Sainte-Marie où elle mourut, en mai 1786.

XVII. François de BELLEVAL, chevalier, seigneur de Floriville, chevau-léger de la garde du roi, chevalier de Saint-Louis.

[1] Arch. du minist. de la guerre. — Copie moderne. — Arch. du Bois-Robin.

[2] Généal. de la Maison de Fontaines.

[3] Généal. de la Maison de Le Moisne de Blangermont.

Gueulluy de Rumigny. d'or au chevron de gueules accompagné en pointe d'un aigle d'azur.

Il épousa, en 1737, devant Me Martin Deligny, notaire à Amiens, Anne de Gueulluy de Rumigny, fille de Philippe de Gueulluy, chevalier, seigneur de Rumigny, et de Charlotte de Vendeuil [1].

Il mourut en 1777, sans avoir eu de postérité.

BRANCHE

des Seigneurs de Courcelles.

XI. Antoine de Belleval, écuyer, seigneur de Courcelles, homme d'armes des ordonnances du roi, était fils d'Emond de Belleval, écuyer, lieutenant du village de Maisnières (Voir degré X de la branche des premiers seigneurs de Floriville).

Le Fournier : d'argent à trois roses de gueules.

On ignore l'époque de sa naissance et celle de son mariage avec Antoinette Le Fournier. On sait seulement qu'il servait en qualité d'homme d'armes dans la compagnie des ordonnances du roi commandée par le seigneur de Rubempré [2]. — Il fournit, en 1545, un aveu et dénombrement à l'abbaye de Corbie [3]. — Il demeurait à Courcelles, en 1557.

[1] Anc. Généal. Mss.

[2] Ibidem.

[3] Mss. de D. Caffiaux, t. 24, p. 272, au Cab. des tit. de la Bibl. imp.

De son mariage sont issus :

1° Gilles, qui suit ;

2° Autre Gilles de BELLEVAL, écuyer, auteur de la branche des seigneurs de Tilloy, qui suivra plus loin.

3° Nicolas de BELLEVAL, écuyer, auteur d'une branche *dite* issue des seigneurs de Courcelles, qui suivra plus loin.

4° Antoine de BELLEVAL, écuyer, auteur de la branche des seigneurs de Barberye et de Belleperche, qui suivra plus loin.

XII. Gilles de BELLEVAL, écuyer, seigneur de Courcelles, homme d'armes des ordonnances du roi. On ignore l'époque de sa naissance.

Il servit en qualité d'homme d'armes dans la compagnie des ordonnances commandée, en 1540, par le maréchal du Biez, et il passa plus tard dans celle commandée par M. de Senarpont. — Il demeurait à Saint-Valery en 1551, selon un terrier de la seigneurie de Maisnières de ladite année [1].

Gilles de BELLEVAL mourut au commencement de l'année 1557, et le 2 avril de la même année, en vertu d'une sentence rendue par le bailli de Saint-Valery pour le duc de Nivernais, sa veuve fut nommée tutrice de ses quatre enfants. L'inventaire après décès de Gilles avait été fait à la même époque par la justice de Saint-Valery [2].

Il avait épousé, on ne sait à quel moment, Isabeau Anquier, fille de Jean Anquier et d'Antoinette de Chepy.

[1] Mss. de D. Caffiaux, t. 24, p. 324, au Cab. des tit. de la Bibl. imp.

[2] Gr. nobil. de Picardie, aux Preuves de la Généal. de Belleval.

Celle-ci, après la mort de Gilles de BELLEVAL, épousa en secondes noces Adrien Rocque, bailli de Saint-Valery,

De l'union de Gilles de BELLEVAL et d'Isabeau Anquier sont issus :

1° Raoul, qui suit ;

2° Jacques de BELLEVAL, écuyer, auteur de la branche des seigneurs des Granges, de Fresnes, de Bretel et de Wallemets, qui suivra ;

3° Françoise de BELLEVAL, femme de Martin Clairet, notaire à Saint-Valery.

4° Hélène de BELLEVAL.

XIII. Raoul de BELLEVAL, écuyer, seigneur de Courcelles et de Bretel, lieutenant de la ville de Gien.

Bus : d'azur au chevron d'argent chargé de deux trèfles de sable et accompagné de trois molettes d'or.

Raoul épousa, on n'a pu retrouver à quelle époque, Jossine du Bus, fille de Nicolas du Bus, chevalier, seigneur et vicomte de Wailly, et de Péronne de Boufflers. — Il acheta, par contrat du 17 octobre 1574, à Nicolas de Cailly, le fief de Bretel, sis à Bouvincourt, consistant en une masure, pourpris et ténement amasé de maison manable et plusieurs autres édifices, et de 17 à 18 journaux de terre [1].

Raoul de BELLEVAL n'eut qu'une seule fille :

Elizabeth de BELLEVAL, dame de Courcelles, de Bretel et de Wallemets ; elle épousa, par contrat du 6 mai 1595 passé devant

[1] Orig. en parch. — Arch. du Bois Robin.

Me François Retard, notaire à Abbeville, Jacques Picquet, écuyer, seigneur de Sains, fils d'Adrien Picquet, écuyer, seigneur d'Avelesges, et de Françoise de Courcelles, dame de Boussicourt et de Sains [1].

PICQUET : d'azur à la bande d'or chargée de trois merlettes de sable.

BRANCHE

des Seigneurs des Granges, de Fresnes, de Bretel, etc.

XIII. Jacques de BELLEVAL, écuyer, seigneur des Granges et de Gousseauville, fils de Gilles de BELLEVAL, écuyer, seigneur de Floriville, et d'Isabeau Anquier. (Voir degré XII de la branche des seigneurs de Courcelles).

Il fut placé sous la tutelle de sa mère, par une sentence rendue le 2 avril 1557, pour le duc de Nivernais, par le bailli de Saint-Valery, en même temps que Raoul, François et Hélène de BELLEVAL, ses frères et sœur [2]. — Il épousa, par contrat passé le 1er avril 1574, Madeleine Bournel, fille unique de Gilles Bournel, écuyer, seigneur des Granges, et de Marie Carpentier [3].

BOURNEL : d'argent à l'écu de gueules, à l'orle de huit perroquets de sinople, becqués et membrés de gueules.

Le 22 avril 1577, Jacques de BELLEVAL reconnaît un transport fait à Adrien Rocque, bailli de l'abbaye de Saint-

[1] Anc. Généal. Mss.

[2] Gr. nobil. de Picardie, aux Preuves de la Généal. de Belleval.

[3] Ibidem.

Valery, et à I[illegible]nquier, de quelques immeubles à lui donnés par son contrat de mariage avec Madeleine Bournel [1].

Le 13 avril de l'année 1595 il transigea, par l'entremise de Jacques de BELLEVAL, seigneur de Rouvroy, avec Jossine du Bus, veuve de Raoul de BELLEVAL, son frère aîné [2].

Il épousa en secondes noces, mais on ne sait à quelle époque, car on n'a pu retrouver le contrat de mariage, Jeanne Lourdel [3]. — Il vivait encore en 1609 et l'on ne connaît pas l'époque de sa mort.

LOURDEL : d'argent au sautoir de sable, accompagné de huit perroquets de sinople, mis en orle.

Jacques de BELLEVAL eut de son premier mariage :

1° Nicolas de BELLEVAL, écuyer, seigneur d'Himmeville. Il fut tué en duel, en 1623, par François de Frieucourt, écuyer, seigneur de Lisle, de Saint-Hilaire et de Tully. — Il avait épousé Anne de Calonne, dame du quint de Vadicourt, fille de Nicolas de Calonne, écuyer, seigneur de Coquerel, et d'Isabeau Cornu d'Embreville [4]. — Celle-ci transigea en avril 1625, devant Me Nicolas Retard, notaire, avec M. de Frieucourt pour les intérêts civils qui lui étaient dus à cause de la mort de son mari [5]. — De leur union il n'était pas né d'enfants.

CALONNE : d'argent à l'aigle de sable.

2° Antoine de BELLEVAL, écuyer, seigneur de Fresnes. Il se dit en 1623 héritier de son frère aîné Nicolas ; on ne sait rien de plus sur son compte.

1 Gr. nobil. de Picardie, aux Preuves de la Généal. de Belleval.

2 Ibidem.

3 Anc. Généal. Mss.

4 Ibidem.

5 Ibidem.

3° Gilles, qui suit.

4° Catherine de Belleval : elle épousa, par contrat passé le 23 juillet 1601, devant Me Moisnel, notaire à Saint-Valery, Jean Hanine, fils de François Hanine, demeurant à Favières, et de feue Catherine Le Vasseur [1].

XIV. Gilles de Belleval, écuyer, seigneur de Fresnes.

Il épousa, par contrat passé le 15 février 1605, Marie de La Berquerye [2]. — Le président, les lieutenants, élus et conseillers de l'élection d'Arques déclarèrent, par une sentence du 19 mai 1609, que Gilles de Belleval était noble et qu'il « portoit sept croisettes d'or en champ d'armes [3] ». — Les ducs de Guise et de Longueville lui délivrèrent, les 9 janvier et 24 octobre 1616, des certificats constatant qu'il avait servi sous eux en qualité de lieutenant [4].

Il laissa pour enfants :

1° Joachim, qui suit ;

2° Anne de Belleval, femme de Henri de Dampierre, écuyer, seigneur de Millencourt, Ysengremer et Sainte-Agathe, veuf de Marie de Gomer de Quevauvillers, et fils d'Aymar de Dampierre, écuyer, seigneur de Sainte-Agathe, et de Françoise Le Maistre [5].

Dampierre : d'argent à trois losanges de sable.

[1] Anc. Généal. Mss.

[2] Gr. nobil. de Picardie, aux Preuves de la Généal. de Belleval.

[3] Ibidem.

[4] Ibidem.

[5] Anc. Généal. Mss.

XV. Joachim de BELLEVAL, écuyer, seigneur de Bretel, d'Himmeville et de Fresnes.

DU CARON : porte.....

Il épousa, par contrat du 19 août 1657, Claude du Caron, fille de Charles du Caron, écuyer, seigneur de Neufmesnil, maître-d'hôtel ordinaire du roi, intendant de l'élection d'Arques, et de Suzanne Le Carnier [1].

Il fut maintenu dans sa noblesse par jugement des commissaires du roi, le 31 décembre 1657, et encore par jugement de Bignon, intendant de Picardie, du 10 décembre 1701 [2]. — Il servit aussi un aveu à Pierre de Neufville, chevalier, baron de Fresne, mais on ignore la date exacte, car il n'a pu être retrouvé [3].

De l'union de Joachim de BELLEVAL avec Claude du Caron naquirent :

1° Joseph-Emmanuel, qui suit ;

NEUFVILLE : d'hermines au chevron de sinople, accompagné de trois tourteaux de gueules.

2° Pierre-Antoine de BELLEVAL, chevalier, seigneur de Bretel, allié, par contrat du 9 mars 1694, à Jeanne-Marguerite de Neufville, fille de Florent de Neufville, écuyer, seigneur de Brugnaubois, et de Marthe du Bosquiel [4].— De cette union naquirent :

A. Antoine-François de BELLEVAL, chevalier, seigneur de Bretel, mort sans alliance.

B. Marie-Françoise de BELLEVAL, femme de Richard Le Fournier.

C. Marie-Charlotte de BELLEVAL, sans alliance.

[1] Gr. nobil. de Picardie, aux Preuves de la Généal. de Belleval.

[2] Ibidem.

[3] Ibidem.

[4] Ibidem.

3° Anne de BELLEVAL, femme d'Eustache Fermont, avocat en Parlement.

XVI. Joseph-Emmanuel de BELLEVAL, chevalier, seigneur de Bretel et de Wallemets, successivement lieutenant au régiment de Languedoc, par brevet du 31 janvier 1691 ; puis lieutenant des garde-cotes de la capitainerie de Cayeux, le 15 septembre 1719 ; major, le 21 juillet 1720 ; et enfin commandant de la capitainerie de Cayeux et du fort de Saint-Martin de Mers, le 28 novembre 1724 [1].

Il se maria deux fois. En premières noces il épousa, par contrat du 9 juillet 1695, Madeleine de Camoisson de la Mairie, fille de Louis de Camoisson, chevalier, seigneur de Montorgueil, et de Claude de Courteville d'Hodicq [2]. — Il épousa, en secondes noces, vers 1700 (le contrat n'a pu être retrouvé) Marie-Françoise de Dampierre, fille d'Henri de Dampierre, écuyer, seigneur de Millencourt et d'Ysengremer, et de Marie de Gomer [3].

CAMOISSON : d'or à la croix ancrée de gueules.

DAMPIERRE : d'argent à trois losanges de sable.

Joseph-Emmanuel de BELLEVAL mourut le 7 octobre 1729, et de ses deux mariages il n'eut pas d'enfants.

[1] Arch. du minist. de la guerre. — Copie moderne, Arch. du Bois-Robin.

[2] Gr. nobil. de Picardie, aux Preuves de la Généal. de Belleval.

[3] Anc. Généal. Mss.

BRANCHE

des Seigneurs de Tilloy.

XII. Gilles de BELLEVAL, écuyer, fils d'Antoine de BELLEVAL, écuyer, seigneur de Courcelles et d'Antoinette Le Fournier. (Voir degré XI de la branche des seigneurs de Courcelles).

LIGNIÈRES : d'argent à la croix aucrée de gueules.

Il avait épousé, on ignore à quelle époque, Jeanne de Lignières. Il mourut avant 1582 et sa veuve vivait encore en 1606, ainsi qu'on le verra au degré suivant.

De leur union naquirent dix enfants :

1° Philippe, qui suit ;

2° Martin de BELLEVAL, écuyer, mort jeune ;

3° Nicolas de BELLEVAL, écuyer, mort peu après 1603.

LAVERNOT : d'azur à deux fasces d'argent, et deux croissants de même, un en chef et un en pointe.

4° François de BELLEVAL, écuyer ; il épousa Catherine de Lavernot dont il eut :

A. Anne de BELLEVAL, femme de François Boullenger, lieutenant du village de Vismes ;

5° Pierre de BELLEVAL, écuyer ; il reçut de sa mère une donation mobiliaire le 27 mars 1606, par acte passé devant Me Vaucquet, notaire à Oisemont. C'est tout ce qu'on sait de lui.

6° Jacques de BELLEVAL, écuyer. On ne possède aucun renseignement sur son compte.

7° Antoine de BELLEVAL, écuyer ; il demeurait avec sa mère à

Courcelles, ainsi que cela résulte d'un acte du 11 mars 1595, passé devant Mᵉ François Descaules, notaire à Abbeville.

8° Marguerite de BELLEVAL, mariée avant 1603 à Regnault de Haudrechies.

9° Adrienne de BELLEVAL, mariée avant 1608 à Claude du Mont.

10° Nicole de BELLEVAL, mariée avant 1603 à Guérard Mallet, propriétaire d'un fief sis à Bouillancourt.

XIII. Philippe de BELLEVAL, écuyer.

Il épousa, par contrat du 7 février 1579 Antoinette Pain. Ce contrat est mentionné dans une sentence rendue le 9 août 1606 par le sénéchal de Ponthieu au profit de Jeanne de Lignières, demanderesse, contre Philippe de BELLEVAL, écuyer, son fils, et fils de feu son mari, Gilles de BELLEVAL [1].

Philippe laissa de son union avec Antoinette Pain :

Nicolas, qui suit.

XIV. Nicolas de BELLEVAL, écuyer, homme d'armes des ordonnances du roi.

Il naquit en 1580. — Il épousa, par contrat passé le 14 mai 1603 devant Mᵉ Nicolas Moisnel, notaire à Saint-Valery, Antoinette Blondin, fille de Nicolas Blondin, sieur du Jardinet et d'Adrienne Lourdel [2].

Le 30 août 1615 Nicolas et son père, Philippe de BEL-

[1] Gr. nobil. de Picardie, aux Preuves de la Généal. de Belleval.

[2] Ibidem.

LEVAL souscrivirent par-devant Me Jean de Caniers, notaire en Vimeu, une obligation au profit d'Antoinette Pain, leur mère et épouse [1]. — Le 19 novembre 1615 le seigneur de La Ferté, capitaine de 200 hommes d'armes des ordonnances du roi, certifie que Nicolas de BELLEVAL est homme d'armes dans sa compagnie [2].

Nicolas de BELLEVAL était mort avant 1653, puisque c'est comme veuve que le 15 mars 1653, Antoinette Blondin testa, étant malade, devant Nicolas Piefort, curé de Pendé. Elle ne mourut point cependant de cette maladie, et son décès n'eut lieu qu'en 1658 ; elle fut inhumée dans la chapelle de la Vierge de l'église de Pendé.

Nicolas de BELLEVAL laissait cinq enfants :

1° Arnoult, qui suit ;

2° Hélène de BELLEVAL, mariée par contrat passé devant Me Moisnel, notaire à Saint-Valery, à Charles de Poilly.

POILLY : d'or à la croix de gueules, chargée de cinq pommes de pin d'or.

3° Marie de BELLEVAL, chez laquelle était sa mère lorsqu'elle testa, en 1653.

4° Isabeau de BELLEVAL, mariée à Pierre Parmentier.

5° Antoinette de BELLEVAL, femme de Jean Boullenger.

XV. Arnoult de BELLEVAL, écuyer, seigneur de Tilloy.

Il naquit vers 1605. — Il épousa Françoise Blondin, fille de Nicolas Blondin et de Toussaine Poiret [3]. — Le 1er

[1] Gr. nobil, de Picardie, aux Preuves de la Généal. de Belleval.

[2] Ibidem.

[3] Anc. Généal. Mss.

septembre 1655 il reconnut un contrat de constitution de 24 livres de rente créé le 18 février 1626 au profit de Nicolas de BELLEVAL et d'Antoinette Blondin, son père et sa mère [1]. — Le 4 février 1658 il fait relief devant le bailli de Saint-Valery pour son fief dépendant de l'abbaye de cette ville [2]. — Le 31 janvier 1660 le bailli d'Amiens rend une sentence au profit d'Arnould de BELLEVAL et de son épouse [3].

Arnould était mort avant 1664, laissant de Françoise Blondin :

1° Antoine, qui suit;

2° Arnould de BELLEVAL, écuyer, mort à marier en 1669.

3° Antoinette de BELLEVAL, vivant non mariée en 1664.

4° Marie de BELLEVAL, vivant mariée, en 1664, avec Charles Gest.

5° Isabeau de BELLEVAL, mariée, par contrat passé le 25 juillet 1667 devant Mᵉ Clairet, notaire à Saint-Valery, à François Loison, de Tilloy.

XVI. Antoine de BELLEVAL, écuyer, seigneur de Tilloy.

Il naquit en 1655. — Le 29 janvier 1664 Françoise Blondin, comme mère et tutrice d'Antoine, Arnould, Isabeau, Antoinette et Marie de BELLEVAL, tous mineurs, releva devant le bailli de l'abbaye de Saint-Valery un fief mouvant de cette même abbaye et appartenant à ses dits enfants mineurs [4].

[1] Gr. nobil. de Picardie, aux Preuves de la Généal. de Belleval.

[2] Ibidem.

[3] Ibidem.

[4] Ibidem.

Antoine de BELLEVAL épousa, par contrat passé le 29 août 1681 devant Me Thomas Clairet, notaire à Saint-Valery, Marie de BELLEVAL, fille de Nicolas de BELLEVAL, écuyer, et de feue Sarah Buignet [1].— Dame Marie de BELLEVAL, étant veuve d'Antoine de BELLEVAL, écuyer, seigneur de Tilloy, fut maintenue dans sa qualité de veuve d'écuyer et ses enfants dans leur qualité de nobles et d'écuyers, par Bignon, intendant de Picardie, le 10 décembre 1701 [2]. — De son union avec Antoine de BELLEVAL étaient issus :

1° Antoine-Joseph, qui suit.

2° Marie-Louise de BELLEVAL, née en 1688, morte à marier.

3° Charlotte-Anne de BELLEVAL, née en 1689 ; mariée par contrat passé devant Me Antoine Lefebvre, notaire à Saint-Valery, le 14 juin 1714, à François-Joachim du Castel, écuyer, seigneur de Neuvillette, fils de François du Castel, écuyer, seigneur de Berlimont, et de Françoise-Thérèse de BELLEVAL [3].

DU CASTEL : d'argent à 3 chevrons d'azur, et une merlette de même.

XVII. Antoine-Joseph de BELLEVAL, écuyer, seigneur de Tilloy.

Il naquit en 1686 et mourut sans s'être marié. — Il fut le dernier de sa branche.

[1] Gr. nobil. de Picardie, Preuves de la Généal. de Belleval.

[2] Voir le gr. nobiliaire de Picardie.

[3] Gr. nobil. de Picardie, aux Preuves de la Généal. de Belleval., et Généal. de du Castel.

BRANCHE

Issue de celle des Seigneurs de Courcelles.

XII. Nicolas de Belleval, écuyer, archer des ordonnances du roi sous M. de La Meilleraye, était fils d'Antoine de Belleval, écuyer, seigneur de Courcelles, et d'Antoinette Le Fournier. (Voir degré XI de la branche des seigneurs de Courcelles).

En 1557 il fut nommé curateur de ses neveux, enfants de Gilles de Belleval et d'Isabeau Anquier. Il servait à cette époque dans la compagnie des ordonnances commandée par M. de La Meilleraye, en qualité d'archer. — En 1560 il demeurait à Hocquélus, et en 1575, à Aigneville [1].

De sa femme, dont le nom est inconnu, il eut :

1° Philippe, qui suit ;

2° Thibaut de Belleval, écuyer, mort à marier ;

3° Marie de Belleval, femme de Guillaume François, lieutenant de Nempont-Saint-Firmin.

4° Suzanne de Belleval : elle épousa Roger de Lignières, fils de Nicolas de Lignières et de Suzanne de La Fosse.

XIII. Philippe de Belleval, écuyer.

[1] Anc. Généal. Mss.

On ne sait rien de lui, sinon qu'il a eu de sa femme, dont le nom n'a pu être retrouvé, trois enfants, savoir :

1° Nicolas de Belleval, écuyer, mort sans alliance.

2° Pierre, qui suit.

3° Antoinette de Belleval, mariée à Charles de Cayeux, demeurant à Houdenc.

XIV. Pierre de Belleval, écuyer.

Le Fuzelier : d'or à trois fusées de gueules mises en fasce.

Il demeurait à Vismes. — On sait seulement qu'il épousa Françoise Le Fuzelier, fille de Christophe Le Fuzelier, écuyer, seigneur d'Arry, et de Jeanne du Quesnoy [1]. — Leur union demeura stérile, et Pierre de Belleval fut le dernier représentant de cette branche.

BRANCHE

des Seigneurs de Barberie, Eraines, Bailleul, etc.

XII. Antoine de Belleval, écuyer, seigneur d'Aigneville et de Barberie, était fils d'Antoine de Belleval, écuyer, seigneur de Courcelles, et d'Antoinette Le Fournier (Voir degré XI de la branche des seigneurs de Courcelles).

[1] Anc. Généal. Mss.

Il demeurait à Harcelaines lorsque, le 9 juillet 1583, il servit un aveu à l'abbé et au couvent du Lieu-Dieu pour dix journaux de terre qu'il possédait sur le territoire de Fontenelles [1]. — Il épousa, par contrat du 16 septembre 1600, Jeanne Caulier [2]. — Il servit un nouvel aveu à l'abbaye du Lieu-Dieu pour les mêmes terres sises à Fontenelles, le 29 avril 1602 [3]. — Le vicomte de La Saulx lui adressa, le 16 août 1622, une commission pour conduire les habitants du village de Bourseville au port du Hourdel afin de s'y opposer au débarquement des ennemis de l'Etat [4].

Du mariage d'Antoine de Belleval et de Jeanne Caulier naquirent :

1° Michel, qui suit ;

2° Nicolas de Belleval, écuyer, auteur de la branche des seigneurs de Barberie et de Belleperche, qui suivra ;

3° Jean de Belleval, écuyer, sans postérité ;

4° Françoise de Belleval ;

5° Marie de Belleval, mariée deux fois, 1° à Nicolas Le Clerc ; 2° à André d'Hier, en 1623.

6° Hélène de Belleval, femme de Laurent Bultel.

XIII. Michel de Belleval, écuyer, capitaine des portes

[1] Orig. sur parch. — Arch. du Bois-Robin.

[2] Cité dans l'arrêt du Conseil d'Etat mentionné au degré suivant.

[3] Gr. nobil. de Picardie, aux Preuves de la Généal. de Belleval.

[4] Cité dans l'arrêt du Conseil d'Etat mentionné au degré suivant.

de la ville de Péronne, et capitaine au régiment d'Hocquincourt.

Il naquit le 30 septembre 1603, et se maria deux fois, 1° le 12 février 1646 avec Anne Le Dossu; 2° par contrat passé le 1er janvier 1655 devant Me Le Vasseur, notaire à Péronne, avec Madeleine Le Vasseur, fille de feu Claude Le Vasseur, bourgeois de Péronne, et d'Hélène Masguerré [1]. — Il fut nommé capitaine au régiment d'Hocquincourt, par commission du 8 février 1646 : il avait été d'abord lieutenant dans le même régiment, et il avait commencé sa carrière militaire comme soldat au régiment des gardes, dans la compagnie Colonelle : cela est prouvé par un congé qui lui fut accordé le 25 janvier 1625 par le sieur de St.-Colonne, lieutenant-colonel dudit régiment. — Michel de Belleval fut nommé, par commission royale du 29 novembre 1646, capitaine des portes de la ville de Péronne. Un certificat qui lui fut délivré par Monsieur de L'Espine-Beauregard, lieutenant de roi à Péronne, le 12 août 1666, constate que Michel de Belleval exerçait alors cette charge de capitaine des portes depuis vingt ans, et qu'il n'en avait été revêtu qu'après avoir longtemps servi le roi et reçu plusieurs blessures à son service. — Michel fut maintenu dans sa noblesse et dans le droit de porter pour armoiries « de gueules à la bande d'or avec sept croix de Jérusalem de même » par arrêt du Conseil d'Etat du 17 novembre 1668 [2]. Sa veuve et ses enfants furent

[1] Gr. nobil. de Picardie, aux Preuves de la Généal. de Belleval

[2] C'est dans cet arrêt que sont mentionnés toutes les pièces, titres et provisions qui concernent Michel de Belleval.

également maintenus dans leur noblesse par jugement de Bignon, intendant de Picardie, du 18 avril 1699 [1].

Michel de BELLEVAL ne laissa qu'un seul fils :

Antoine, qui suit.

XIV. Antoine de BELLEVAL, écuyer, seigneur d'Eraines, Bailleul-le-socq, la Mairie, Fouilleuse et le May, capitaine au régiment de Montauban.

Il naquit le 28 mars 1670 et fut baptisé le même jour dans l'église de Saint-Médard de Berleux. — En 1699 il était capitaine au régiment de Montauban. — Il épousa, à peu près à cette époque, Louise-Françoise Plansson de la Garde, fille de Louis Plansson de la Garde, officier de la maison du roi, et de Marguerite Barbe. — Il habita d'abord Péronne ; il acquit ensuite de la duchesse de Ventadour les seigneuries d'Eraines et de Bailleul-le-socq. Il s'établit au château d'Eraines, et y mourut en 1708 [2]. — Il était, en 1706, en procès avec l'abbaye de Saint-Denis [3].

PLANSSON : d'or à un arbre de sinople.

De son union avec Françoise-Louise Plansson, Antoine de BELLEVAL laissa trois fils et quatre filles :

1° Antoine de BELLEVAL qui suit ;

2° Autre Antoine de BELLEVAL, chevalier, seigneur de Topin, du Mont et de Neufville-le-Roi, né le 23 décembre 1715 ; entra aux gardes du corps, compagnie de Beauvau, le 16 mars 1734 ; en fut nommé sous-brigadier, le 25 janvier 1762, et brigadier le 30

[1] Voir le gr. nobiliaire de Picardie.

[2] Titres de la famille de Bréda-Wassenaër.

[3] Orig. sur pap. — Arch. du Bois-Robin.

juin 1765. Il avait été nommé chevalier de Saint-Louis le 27 février 1753, et se retira du service le 30 mai 1768 [1]. Il épousa, par contrat du 7 juin 1769, Marguerite-Thérèse Desprez de la Rézière, fille de N. Desprez de la Rézière, conseiller du roi en l'élection de Senlis, et de Louise-Madeleine Plansson [2]. Il mourut à la fin du siècle dernier à Senlis où il s'était retiré : il laissait deux filles :

DESPREZ DE LA RÉZIÈRE : d'argent à trois merlettes de sable, au chef de même, chargé de trois bandes de sable.

A. Louise-Marie-Antoinette-Thérèse de BELLEVAL, mariée, le 7 décembre 1794, à François-Marie Coustant d'Yanville, chevalier, seigneur de Villers, conseiller du roi, correcteur en la Chambre des Comptes de Paris.

COUSTANT D'YANVILLE : de gueules à un arbre d'or, au chef d'argent chargé d'un croissant de sable.

B. Antoinette-Gabrielle de BELLEVAL, mariée à Jean-Louis-Nicolas Pommeret des Varennes, conseiller-secrétaire du roi, receveur des finances en l'élection de Crespy-en-Valois.

POMMERET DES VARENNES : d'azur au chevron d'or, chargé d'une rose de gueules, accompagné en chef de deux pommes d'argent, et en pointe d'une raie de même.

3° Pierre de BELLEVAL, chevalier, seigneur de La Salle, appelé le chevalier de La Salle, né en 1720 à Pont-Sainte-Maxence, entra comme volontaire au régiment de Bretagne, infanterie, en février 1739 ; il fut nommé enseigne le 25 septembre 1739 ; lieutenant le 10 décembre 1739, capitaine le 30 août 1744, chevalier de Saint-Louis, le 23 décembre 1756, commandant de bataillon le 23 novembre 1759, et enfin lieutenant-colonel, le tout dans le même régiment, le 20 juillet 1761 [3]. Il fit toutes les campagnes de la guerre de 1741 à 1756 : il commandait 1200 chasseurs à la bataille de Johannisberg et se distingua à la bataille de Fontenoy [4]. — Il épousa Marie-Anne Hamelin, fille d'Antoine-Denis Hamelin, écuyer, seigneur de Phœnix et de Moricault, et d'Anne de Saint-Leu. De cette union naquit une seule fille, morte jeune.

HAMELIN : d'azur à la fasce de gueules chargée d'une épée d'argent à la poignée d'or, accompagnée en pointe d'un lion léopardé d'argent, au chef d'argent chargé de trois merlettes de sable.

[1] Arch. du minist. de la guerre. — Copies modernes. — Arch. du Bois-Robin.

[2] Titres de la famille de Franclieu et de celle de Bréda-Wassenaër.

[3] Arch. du minist. de la guerre. — Copies modernes. — Arch. du Bois-Robin.

[4] Arch. du Bois-Robin.

4° Marie-Françoise de BELLEVAL, femme de Jacques-François de Bréda, écuyer, seigneur de Trossy.

5° N. de BELLEVAL, femme de N. Isnel de Combles, chevalier de Saint-Louis.

6° N. de BELLEVAL, religieuse à l'abbaye royale de Montiel.

7° N. de BELLEVAL, religieuse aux Ursulines de Montdidier.

BRÉDA-WASSENAER : écartelé, au 1 et 4 d'argent au lion de sable, à la bordure de gueules, au 2 et 3 d'argent à trois croissants de gueules.

ISNEL DE COMBLES : écartelé, au 1 d'or plein, au 2 de gueules à l'étoile d'or, au 3 d'azur plein, au 4 d'argent plein, à une croix de sinople bordée de sable brochant sur le tout.

XV. Antoine de BELLEVAL, chevalier, seigneur d'Eraines, Bailleul-le-socq, La Salle, La Mairie, Fouilleuse et le May, gentilhomme du prince de Condé et capitaine de ses chasses, lieutenant des chasses de la capitainerie royale d'Halatte.

Antoine servit successivement dans les régiments de Royal-artillerie et de Bretagne-infanterie. Il fit les campagnes de Kehl et de Philipsbourg et quitta le service en 1741. — Plus tard il s'attacha à la cour de Chantilly, devint gentilhomme du prince de Condé qui l'honorait d'une vive affection, puis capitaine de ses chasses et lieutenant de la capitainerie royale d'Halatte.

Antoine de BELLEVAL et M. d'Yauville, commandant de la Vénerie de Louis XV, ménagèrent en 1771, dans une chasse de la Saint-Hubert, un raccommodement du roi et du prince de Condé [1].

Antoine de BELLEVAL se maria deux fois. Il épousa, 1° par contrat passé le 16 avril 1741, Marie-Jeanne-Elizabeth Chastelain de Popincourt, fille de René Chastelain de

CHASTELAIN DE POPINCOURT : d'argent à la bande de sable chargée de trois molettes d'argent.

[1] Chasses princières en France, par M. Chapus, p. 69-93. — 1853, in-18.

Popincourt, écuyer, seigneur de Saint-Gervais et de Pontpoint, et de Marie-Anne Plansson de Montorgueil. Il épousa, 2° Marie-Françoise Poullet de Sailly, fille de N.. Poullet de Sailly, mestre-de-camp de dragons, chevalier de Saint-Louis, et de Thérèse de Cornouailles de l'Évêché. — Il laissa de son second mariage une fille unique :

POULLET DE SAILLY : d'azur au sautoir écoté d'or.

Marie-Françoise-Catherine de BELLEVAL, dame d'Eraines, Bailleul-le-Socq, etc... qui épousa Jean-François-Anselme de Pasquier, comte de Franclieu, maréchal des camps et armées du roi, et aide de camp du prince de Condé.

PASQUIER DE FRANCLIEU : d'azur au chevron d'or accompagné en chef de deux têtes de maure de sable tortillées d'argent, et en pointe de trois paquerettes d'or mouvantes d'une terrasse aussi d'or.

BRANCHE

des Seigneurs de Barberie et de Belleperche.

XIII. Nicolas de BELLEVAL, écuyer, seigneur de Barberie, lieutenant au régiment d'Hocquincourt, était fils d'Antoine de BELLEVAL, écuyer, seigneur d'Aigneville, et de Jeanne Caullier. (Voir degré XII de la branche des seigneurs de Barberie, Eraines et Bailleul).

Il naquit vers 1605 et demeura à Hocquincourt. — Il se maria deux fois : 1° par contrat du 27 novembre 1649 avec Sarah Buignet, veuve de David de Rambures, écuyer, seigneur de Huleux, et fille de Jean-Baptiste Buignet, ministre de la religion prétendue réformée, demeurant à Dieppe, et de Marthe Pichon [1]. Il épousa : 2° par contrat passé le 1er février 1657 devant Me Claude Fossé, notaire à Airaines, Louise L'Yver, fille de feu Jean L'Yver, écuyer, seigneur de Boencourt, Lessart et Ferret, et de Hippolyte Aliamet [2].

L'YVER : d'argent à trois roses de gueules.

Nicolas de BELLEVAL fut maintenu, comme son frère Michel, dans sa noblesse par le même arrêt du Conseil d'Etat, le 17 novembre 1668. — Il était mort aussi, de même que Michel de BELLEVAL, avant 1699, puisque le 18 avril de cette même année c'est sa veuve qui, avec la veuve de Michel, est de nouveau maintenue dans sa noblesse par Bignon, intendant de Picardie.

De son premier mariage Nicolas de BELLEVAL eut :

1° Marie de BELLEVAL, née en 1652. Elle épousa Antoine de BELLEVAL, écuyer, seigneur de Tilloy, le 29 juillet 1681. Elle vivait veuve en 1699.

Du second mariage de Nicolas naquirent :

2° François-Joseph, qui suit.

3° Charles de BELLEVAL, écuyer, seigneur de Belleperche, capitaine au régiment de Montauban. Il naquit et fut baptisé à Hocquincourt le 14 avril 1664, et mourut sans alliance en 1710.

1 Anc. Généal. Mss.

2 Gr. nobil. de Picardie, aux Preuves de la Généal. de Belleval.

XIV. François-Joseph de BELLEVAL, écuyer, seigneur de Barberie et de Belleperche.

Il naquit et fut baptisé à Hocquincourt, le 25 juin 1658. — Il ne se maria pas, et d'une inconnue il n'eut qu'une fille naturelle,

Marie-Charlotte de BELLEVAL, alliée par contrat passé le 14 janvier 1722 à Hocquincourt, à Claude Douville, fils de Claude Douville et de Catherine Boisdart [1].

[1] Anc. Généal, Mss.

La maison de Belleval s'allia à celles de Bourbon-Vendôme, Bacouel, Bassan, Becquet, Bernard, Bertin, Blondel, Boffle, Bayard, du Bosc, Bouillako, Bournel de Thiembronne, Boutery, du Bos, Breda-Wassenaër, Briet de Rainvillers, du Bus de Wailly, Cacheleu, Calonne-Courtebonne, Carue, Caullières, Caqueray, Le Caron, du Caron, du Castel de Berlimont, Camoisson, Coppequesne, Chicoineau, Caullier, Coustant d'Yanville, Chastelain de Popincourt, Crignon de Beauverre, Croquoison, Crux, Damiette, Dampierre, Danzel de Beaulieu, Danzel de Boismont, Délegorgue, Dejan de Pradel, Desprez de la Rézière, Dourlens, Douville, Durescu, Espinay, des Essars, L'Estoile, Fontaines, du Fou, Fricamps, Fressieu, Gallye, Gourlay, Gueulluy de Rumigny, du Hamel, Hamelin, Jourdain de Viette, Isnel de Combles, La Berquerye, Le Comte, Le Cauchois, Le Fournier de Wargemont, La Boissière, Le Fuzelier, La Haye, La Noue, Le Noir, Le Moisne de Blangermont, La Rue, Le Roy de Valines, Le Vasseur de Sailly, Le Vasseur de Neuilly, L'Yver, Lamiré, Langlois de Septenville, Lattre, Lavernot, Lignières, Lisques, Lourdel, Louvel, Mailly, Maisnières, du Maisniel de Longuemort, Manse, Menautel, Mercastel, Miraumont, Moisnel, Monchy, Mons, Monthomer, Muret, du Moulin, Narbonne-Pelet, Neufville, d'Oresmieulx, d'Omergue,

Outrempuis, Pasquier de Franclieu, Payen, Pingré, Pavée de Villevielle, Polhoy, Portes, Portalès, Perdrix, Picquet, Poilly, Plansson de la Garde, Pommeret des Varennes, Poullet de Sailly, Prounier, Quiéret, du Quesnoy, Raimesnil, Ricard, Saint-Ouen, Saint-Souplis, Sourhonette du Halde, Sorbier, Thëys, Tillette, Vadencourt, Vacquier, Valette, Vignolles, Vincent d'Hantecourt et du Vivier de Lansac.

Cette Généalogie a été dressée sur les titres originaux composant le Chartrier de MM. de Belleval-Bois-Robin, chefs du nom et des armes de la maison de Belleval, sur les papiers de dom Grenier, le Trésor généalogique de dom Villevieille, les Recherches de dom Caffiaux, à la Bibliothèque impériale, les notes de l'abbé Buteux, le Trésor des Chartes, aux Archives de l'Empire, la Chronique de Monstrelet, les titres scellés de Clairembault et de Gaignières, les documents tirés des Archives de la Somme, de la Seine-Inférieure et de la Manche, les maintenues de Picardie et de Normandie, le Nobiliaire d'Haudicquer de Blancourt, la Recherche de Montfaut, les Annales de l'Aquitaine de Bouchet, les Recherches de Villers de Rousseville, les Registres de Tœufles, les Registres des Aveux du Cotentin, et les Généalogies imprimées et manuscrites des familles alliées à celle de Belleval.

ADDITIONS.

— Emond de BELLEVAL, chevalier, fils de Jean de BELLEVAL, Ier du nom, et de Marie de Fricamps, fut tué à la bataille de Poitiers, le 19 septembre 1356. — Il fut reconnu parmi les morts à sa cotte d'armes de sable à un chevron d'or (voir page 37). — Ce que les Annales d'Aquitaine, de Bouchet (4me partie, f° 15, annotées par Villers de Rousseville) ne disent pas, c'est que sa cotte d'armes était parsemée de fleurs de lys d'or. Ce semis de fleurs de lys avait été évidemment adopté par lui comme brisure, car il était le puîné. Le magnifique fragment de sceau équestre dont on trouvera la fidèle reproduction au n° 1 de la planche ci-contre, et dont Emond se servait en 1352, en est la preuve irréfutable. — On trouve dans les sceaux du XIVe et du XVe siècles de si fréquents exemples de ces brisures si variées qu'il n'est pas nécessaire d'insister davantage pour justifier la forme de celle-ci. Voici le texte même de la pièce à laquelle ce sceau est suspendu :

« Sachent tuit que nous Emond de BELLEVAL, Chlr, avons eu et receu de Jaques Lempereur, tsor. des guerres le roy nres. par la main de Jehan de Lelbarde, son lieuten. en prest sur les gaiges de nous et des gens d'armes et de pié de nre compaignie dessvis et à dessvir en ces pntes guerres es pties de Lymosin sous le gouvnemt de noble home Mons. Ernoul sire Dodeneham, mareschal de France, lieuten. dud. sgr es pays dentre les rivières de Loire et de la Dourdoigne. six cens livres tourn. ens compte pour droiturez, c. IIII l. XVII s. VI den. tourn. pour puign. XII s. VI d. et pour brievez x s. t., desquels VI^c VI l. t. no nous tenons pour bn. paiés. — Donn. à Limoges souz nre scel, le IIe jour de may lan mil CCCLII. »

De cette pièce, il résulte donc qu'Emond de BELLEVAL portait pour armoiries : *de sable semé de fleurs de lys d'or, au chevron de même brochant.*

— Pierre de BELLEVAL, dit Saladin, écuyer.— On ignore de qui il était fils, mais il devait être certainement, comme Emond, un puiné, car sur son charmant sceau, (voir planche ci-contre, n° 2) se trouve, comme brisure, une fleur de lys au canton sénestre du chevron. Voici la quittance à laquelle le sceau a été attaché :

« Saichent tuit que je Pierre de BELLEVAL, dit Saladin, escuier, ay eu et receu de Estienne Braque, tresor. des guerres du roy nres. en prest sur les gaiges de moi et des gens darmes de ma comp. dessvis et a dessvir en ces pntes guerres es pt. de Picardie en la comp. de Mons. le conte de Eu et soubz le gouvnemt de Mons. de Fiennes, cognestable de France, la some de cinquante six livres cinq soulz tourn. des quiex LVI l. V s. t. je me tieng a bien paié. — Donn. à Saint-Omer souz mon scel le XIXe jour de juing lan mil CCC soixante et nuef. »

— Jean, bâtard de BELLEVAL, chevalier. — On suppose qu'il pouvait être le fils de Jean de BELLEVAL, IIe du nom, et par conséquent le frère bâtard de Baudouin de BELLEVAL, chevalier, (voir page 40). — Sur son magnifique sceau, d'une conservation parfaite et d'une charmante composition, on voit les pleines armes de la famille avec la barre de bâtardise, — Voici la quittance qui constate son existence :

« Nous Jehan, bastard de BELLEVAL, chl̃r., confessons avoir eu et receu de Arnoul Boucher, trésorier des guerres du roy nr̃es. la somme de nuef vins livres tourn. en prest et paiement sur les gaiges de nous bacheler et de huit escuiers de nr̃e compaignie desservis et à desservir ès guerres du roy nr̃e dit seigneur es parties de Guyenne soulz le gouvernement de Mons. Jehan le Meingre dit Bouciquaut, mareschal de France. De laquelle somme de IX^{xx} l. t. dessus dt̃e nous nous tenons pour contens et bien paiez et en quittons le roy nr̃e dit seigneur, ledit trésorier et tous autres — donné à Paris soubz nr̃e scel en tesmoing de ce le XXe jour de juing, l'an mil trois cens quatre vins et quinze. »

FIN.

Amiens. — Imp. LEMER aîné, place Périgord, 3.

www.ingramcontent.com/pod-product-compliance
Ingram Content Group UK Ltd.
Pitfield, Milton Keynes, MK11 3LW, UK
UKHW021143260726
13994UKWH00001B/277